I0698635

Troba Tu Mapa

Aprèn una metodologia per portar la teva empresa al següent nivell d'èxit.

Faider Andrade Solarte

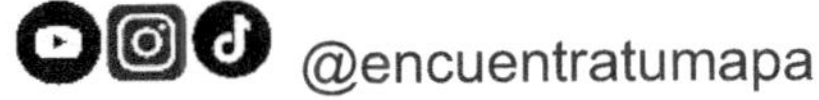

Resum

Espero que aquest llibre sigui una font d'inspiració valuosa per al lector! Basat en experiències personals, on es van enfrontar diversos obstacles tant a nivel empresarial com a esportiu, el relat ofereix una metodologia transversal. L'objectiu és que cada lector trobi utilitat en aquesta metodologia i se senti motivat per perseguir els seus somnis i metes a la vida. La combinació d'experiències reals i lliçons apreses proporciona una guia pràctica que es pot aplicar a diverses àrees de la vida. Que aquest relat inspiri a assolir l'èxit en les seves pròpies emprenedories i metes!

ISBN: 9798871852675
Segell: Independently published

Dedicatòria

Aquest llibre està dedicat als que emprenen per primera vegada, i en especial als que no es donen per vençuts, sense importar les vegades que segueixes intentant, ja que l'èxit és el que segueix en batalla, no en el que ja es va rendir.

Agraïments

Agraïment a Déu primerament per les experiències que em va permetre viure, al personal que va treballar amb mi enllaunica, els esportistes i els entrenadors que van fer part d'aquesta història.

Taula de contingut

Introducció

El món anhela relats que sorgeixen d'anys d'experiències diverses i donen lloc a èxits notables. Aquest llibre encapsula una travessia que va aconseguir una fita aparentment irreal: un augment en les vendes que va superar el 2,000% en només 20 mesos. En complir aquest propòsit es va apujar la meta 10 vegades més del que s'ha aconseguit, aconseguint noves idees per arribar a la nova meta de creixement.

Més que exposar les accions i decisions que van conduir a aquesta fita, aquesta narració neix de la responsabilitat d'inspirar gerents i empresaris, contribuint al desenvolupament de les seves visions i metes.

Amb el propòsit de simplicitat, es presenta un coneixement modelat a partir de conceptes extrets de diversos autors i mestres al llarg de la vida. Aquest testimoni real i pràctic ofereix una metodologia redissenyada que demostra que "tot" és assolible amb determinació.

A la primera part, et submergiràs en una experiència personal: la travessia empresarial que comença a la cascada La Joaquina, a Sandoná, Nariño. Després de quatre ascensos, s'assoleix aquesta meravella natural envoltada d'exuberància. Tot i que els tres primers ascensos van resultar infructuosos, cadascú va omplir experiències valuoses, equiparables a la recerca d'un mapa vital per assolir grans fites.

La segona part revela l'aplicació de la metodologia Vimas, clau per als resultats extraordinaris narrats aquí. Aquest acrònim, que representa visió, metes, activitats a executar i seguiment, es posa a la teva disposició perquè puguis aplicar-lo als teus propis negocis i activitats professionals.

La tercera part explora altres mapes i experiències, portant principis i idees a làmbit esportiu. La premissa principal és clara: diferents mapes poden conduir a l'èxit a la vida.

La quarta part serveix com a avantsala a un volum més extens, on es comparteixen aprenentatges d'empresaris que han construït imperis. Es busca abordar la persistent inquietud sobre per què alguns arriben a grans èxits en comparació amb emprenements més petits.

El tancament del llibre se centra en la prevenció d'errors i ofereix lliçons valuoses sobre com la saviesa humana rau a superar obstacles durant l'expansió.

Prefaci

Són les deu de la nit, el fred es cola entre les escletxes de la finestra. Ja ha passat una setmana des de l'anomenat intern que vaig tenir per escriure aquest llibre. Alguns creuran que va ser una crida de Déu, mentre que altres argumenten que va ser la comunicació amb l'altre jo, ser intern o que l'univers va conspirar per portar-me a dedicar-me a aquesta obra.

La responsabilitat d'escriure aquest llibre es tornava cada cop més imperativa. No podia continuar posposant l'enfrontament amb aquest full en blanc, mirant els capítols com un desafiament insuperable. Finalment, vaig prendre la decisió i em vaig concentrar a començar a escriure. El que segueix és el resultat de la decisió.

Al terminal de transport, esperant cinc hores per al meu viatge ia només dues hores d'abordar, em vaig submergir en el contingut al meu mòbil. En aquell moment, una veueta interior em va impulsar a l'acció. Vaig recordar situacions similars en el passat, moments en què llibres fascinants es perdien en els prestatges oblidats de la meva memòria.

Aquesta vegada era diferent; les diverses experiències de la vida m'havien conduït cap a un mapa del tresor. Aquest mapa, amb el propòsit d'aquest escrit, està destinat a guiar-vos cap al meravellós tresor que també espera per tu.

Primera Part Trobant el Mapa

La cerca del mapa

Mai sabem amb certesa quan comença la nostra cerca del mapa. Al llarg de la vida, descobrim que no es tracta només de trobar un mapa, sinó de descobrir múltiples mapes. Aquests mapes tenen la peculiaritat de guiar-nos des del punt A fins al punt B, des del nostre punt de partida fins on volem arribar, traçant la ruta cap a un tresor ocult, cosa que valorem profundament.

Amb l'adquisició d'experiència, aquests mapes esdevenen més precisos. La rapidesa amb què trobes el mapa, ja sigui en els teus primers anys o després d'algunes dècades, rau en l'habilitat que desenvolupem, juntament amb la teva determinació i persistència, per assolir objectius genuïns.

Al principi no sabia que necessitava un mapa. Va ser recentment a les meves quaranta, després de participar en emprenedories on admeto no haver cultivat prou la meva determinació i persistència, que vaig comprendre que gran part de la meva vida es va dedicar a desenvolupar aquest mapa. Com un expert cartògraf, he estat traçant el meu propi camí per assolir somnis i propòsits.

Ara, estimat lector, tens davant teu una obra que desitjo que li economitzi temps, permetent prendre accions amb més confiança des del principi. Encara que les meves paraules puguin sonar dirigides a un públic jove, vull deixar clar que això no hauria de descoratjar els que han superat aquesta etapa de la vida. Grans empresaris com Ray Kroc i el coronel Sanders, fundadors de McDonald's i Kentucky Fried Chicken (KFC), respectivament, han demostrat que l'edat no és una excusa. Ja sigui que et consideris massa jove, pensis que encara tens temps o creguis que ja ets massa gran, les seves històries ensenyen que mai no és tard per emprendre un nou camí cap a l'èxit.

Allò que per a alguns podria ser una excusa perfecta, per a altres es converteix en el catalitzador de lèxit. La veritable limitació sempre ha residit en tu, igual que l'oportunitat d'un començament nou. Ara mateix, l'experiència és menys rellevant que mai; el que és crucial és trobar el mapa que et guiarà cap a les teves metes.

La cerca va començar i comença des del teu naixement, i fins i tot des d'abans, però és a partir del moment en què comencem a prendre consciència que realment s'inicia la cerca del mapa.

Vaig iniciar la meva recerca a una edat primerenca, al voltant dels vuit anys. Com a fill gran, vaig assumir responsabilitats a l'empresa familiar des de petit, ajudant en tasques que estaven a l'abast de les meves habilitats per donar suport als esforços emprenedors dels meus pares. Així va ser com va començar el meu viatge al món dels negocis.

La riquesa històrica que acompanya la teva història personal ha estat fonamental per a construir el teu mapa de vida. Permeteu-me expressar-ho de forma més clara: el que ets en aquest moment és el resultat de totes les teves experiències, tant positives com negatives. Gràcies a aquestes vivències, t'has convertit en el meravellós ésser humà que avui ets.

Tens un potencial increïble que, a mesura que llegeixis aquest llibre, t'identificaràs amb punts de reflexió on valoraràs els moments d'èxit que has experimentat a la teva vida.

L'agent de policia s'acosta per demanar-me el número de cèdula al terminal, un procediment de rutina que em treu momentàniament dels meus pensaments.

Aquesta situació em fa reflexionar sobre com diferents períodes de vida són crucials per construir el nostre mapa personal.

Sumit en el disseny destratègies per portar el meu equip a assolir la meta diària de $10,000 USD en vendes, vaig començar a traçar el mapa per al nostre camí cap a lèxit. Ple de joia i motivació per la nova societat que acabem d'iniciar, la meva ment s'enfoca en una meta clara: estava segur que assolir-la ens portaria al següent nivell. Encara que en aquell moment les vendes diàries gairebé no fregaven els $500 USD i el meu soci pensava que arribar als $1,000 USD seria bo, en la meva ment es gestava el que per a alguns seria considerat completament impossible: aspirava a un augment del 2,000% en les vendes.

L'emprenedoria consistia en un establiment de comerç que distribuïa més de cinc mil referències diferents. Estava ubicat en un poble relativament petit i amb prou feines estava fent els seus primers passos. La meva inspiració provenia de la història de Sam Walton i la seva creació de Walmart, que també va començar en un poble petit anomenat Bentonville, a Arkansas.

És fonamental sentir gratitud pels èxits dels grans mestres que van començar abans que tu, els qui van marcar el camí. Encara que els resultats que van aconseguir semblin inabastables, aquí es presenta un exemple de com acostar-t'hi i fins i tot superar-los. Tot depèn del que realment vulguis. En aquestes pàgines, es plasma un mètode basat en experiències reals que us pot portar molt lluny en el vostre camí cap a l'èxit.

Aquest llibre podria titular-se 'Com Aconseguir un Increment del 2000% a les Vendes del teu Negoci'. Encara que allò que aprendràs aquí és completament real, és natural que puguis tenir dubtes abans d'adquirir aquesta habilitat. Aquesta habilitat, però, és fascinant i fonamental per al creixement. Està per descobrir com fer-ho, igual que l'equip que liderava al seu moment.

Parlava amb l?equip, i estic segur que em veien com un boig. Segurament, els hauré de preguntar què passava per les seves ments en aquell moment. Al principi, lluitàvem per assolir la meta de $1,000 USD en vendes diàries. Sent honest, no tenia ni la més mínima idea de com ho aconseguiríem en un negoci completament tradicional, sense els avantatges d'escalabilitat que ofereixen internet i altres tipus de negocis. Érem simplement un establiment de comerç, com qualsevol altre en un poble petit o un barri a la ciutat.

Anys d'experiències de vida m'havien portat a creure que sí que ho podia aconseguir. No obstant, la meva lògica acadèmica no em proporcionava ni un sol recurs sobre com fer-ho a la pràctica. L'únic que sabia internament era que ho aconseguiria.

Era aquest pressentiment, aquesta certesa que t'envaeix quan sents que ha arribat el teu moment. Sabia que era ara o mai. Tot i haver passat per diversos moments anteriorment, aquesta vegada la meva energia i actitud eren diferents. Sentia que estava creant alguna cosa grandiós i tot al meu voltant va adquirir un matís diferent. Encara que la realitat fos la d'un petit negoci, a la meva ment jo dirigia una gran empresa. Tot es transformava gràcies al poder de la imaginació; a la meva ment, ja era una realitat.

El 'Què?' en lloc del 'Com?'

Com aconseguir-ho? Al principi, em vaig adonar que el 'com' realment no importa. Això és el que he comprès amb el temps, i vull que tu també ho entenguis ara que estàs traçant el teu propi mapa. La veritat és que el 'com' és tan poc important i irrellevant. El que realment té pes és el 'Què?'—tres lletres amb un significat profund per a la teva vida. Així que t'invito a reflexionar i escriure: Què és el més important que vols aconseguir en aquest moment de la teva vida?"

Sí, ho sé, al principi no és fàcil. Permet-me desenvolupar la idea i aviat comprendràs. És un compromís que, amb el temps i la determinació, acabaràs definint els recursos necessaris per aconseguir-ho.

El Secret d'Establir Metes Ambicioses

Ara et preguntaràs, per què fixar la meta de vendre $10,000 USD diaris quan ni tan sols arribem als $1,000 USD en un sol dia? Permet-me revelar-te el secret més gran que vaig descobrir: establir una meta tan alta fa que arribar a un punt possible sigui molt més fàcil. Tant per a la meva ment com per a l'equip, va resultar més senzill assolir els $1,000 USD una vegada que ens enfoquem a visualitzar els $10,000 USD. Va ser com si en apuntar tan alt, el camí cap a metes més realistes s'aclarís d'obstacles mentals i emocionals.

Arribar als $1,000 USD va ser relativament fàcil, però a mesura que vam arribar a aquesta xifra, l'alegria i l'eufòria s'apoderava de nosaltres. Cinc mesos després, vam començar a superar els $1,000 USD de manera constant. Un cop aconseguit, era mantenir-nos per sobre d'aquesta xifra, perquè caure per sota era fàcil i desmoralitzant. Tot l'equip s'havia enfocat en aquesta meta, i donar suport al seu líder a assolir els $1,000 USD diaris es va tornar més real i assolible que els $10,000 USD.

Al principi, establir com a meta assolir els $10,000 USD diaris, quan sabíem que no arribàvem ni als $1,000 USD, semblava gairebé una burla. No obstant això, a mesura que ho repetia amb determinació i cada cop amb més força, vaig començar a convèncer-me que seria capaç d'aconseguir-ho. El més sorprenent va ser que a poc a poc, la meva convicció va començar a contagiar els altres, i ells també van començar a creure en la possibilitat de fer-ho realitat.

L'oració diària va començar a donar els seus fruits quan vaig demanar a Déu saviesa i intel·ligència per construir els meus objectius. Va ser llavors quan vaig començar a canviar, vaig passar de ser un líder amb un 'Què?' a entendre el 'Com?'. Vaig començar a comprendre com fer-ho, perquè quan el 'Què?' És clar, el 'Com?' es torna més fàcil de trobar.

La paraula de Déu ens diu a Mateu 7:7, 'Demana i se us donarà'. Aquest ensenyament va començar a tenir sentit en la meva vida a mesura que vaig comprendre el poder de la pregària i la fe en què Déu proveirà les respostes a les meves peticions.

Les respostes o les idees van començar a arribar a la nit. La primera vegada que va sorgir una idea excel·lent per assolir la meva meta va ser prop de les tres de la matinada. Recordo estar mig adormit i adonar-me de com era de brillant la idea, meravellat mentre encara dormia. En despertar-me, vaig sentir la certesa que era una idea increïble, però he d'admetre que no vaig aconseguir recordar-la l'endemà. A mesura que passava el dia, només sentia l'angoixa de no poder recordar aquesta idea guanyadora.

Va ser la primera experiència amb la idea que va arribar durant la nit. Al clarejar, passats uns dies, una altra idea va sorgir en un somni i vaig aconseguir recordar l'anterior. Totes dues idees eren excepcionals, i en el somni vaig creure fermament que aconseguiria el que m'havia proposat. Em vaig sentir completament feliç mentre clarejava. Aquell matí, entre l'angoixa de no poder recordar les idees i la felicitat per la brillantor, encara no havia començat el procés de creixement exponencial.

Va ser llavors quan se'm va acudir la idea de tenir un quadern o el meu cel·lular a prop per anotar la idea següent. Ja havia perdut dues idees que no aconseguia recordar l'endemà . Estava més preparat per a la propera oportunitat, però novament va succeir. En aquesta tercera ocasió, producte del son i l'estat de somiació, no vaig despertar i vaig seguir al somni. L'endemà, en despertar, tenia la sensació de tres idees brillants a la meva ment, però no les vaig escriure i no recordava el que havia pensat.

De vegades necessitem perdre per poder desencadenar el canvi que busquem en nosaltres. Aquest procés de transformació és desafiador i prové des del nostre interior, amb una força extraordinària. Quan comences a sentir aquest canvi, la teva determinació s'enforteix i comença a transformar completament la teva vida.

La quarta vegada va resultar ser la vençuda. Des de llavors, em vaig assegurar d'anotar meticulosament les idees que arribaven durant la nit, sabent que si realment volia assolir els meus objectius, havia d'actuar. Era crucial no sols tenir la idea, sinó també executar-la i posar-la en pràctica. Vaig comprendre que no n'hi havia prou de dur a terme la idea; era essencial garantir que la mateixa idea tingués l'èxit necessari per impulsar endavant el projecte.

Gaudeix el procés, diverteix-te

Amb el pas dels dies, abans de començar les operacions al negoci al matí, es feia la reunió matutina. Aquesta sessió, que durava de 30 a 45 minuts, tenia un propòsit clar: enfocar l'equip a la meta del dia. El fet notable d'aquestes reunions era que al final de cada xerrada se'ls comunicava una nova estratègia, idea o pla d'acció. Sempre concloïa amb una oració, expressant gratitud a Déu i mantenint la fe a assolir els $10,000 USD de vendes diàries.

Els dies passaven i semblava que res estava passant. El ritme frenètic de les activitats diàries absorbia la nostra energia. Dubtes assaltaven l'equip sobre la possibilitat d'assolir l'objectiu i això era completament normal. Moltes vegades, les persones al nostre voltant no creuen al principi. El seu nivell de creença és tan baix que no els permet veure què estem construint. No és fàcil per a aquells que no estan sintonitzats amb la nostra visió comprendre cap a on ens dirigim. L'única cosa realment important és mantenir els pensaments i accions enfocats a assolir la meta proposada, passi el que passi i sense importar com es presentin els desafiaments.

Amb el temps, aplicant les idees amb la millor actitud i aptitud, la màgia va començar a succeir. L'autoestima i l'autoimatge del grup van començar a créixer, cosa que al principi semblava inabastable esdevenia real. De sobte, tot l'equip va començar a creure que podia ser possible. Les estratègies implementades van resultar ser un èxit rotund, i encara que no les detallo aquí, és important tenir en compte que les idees arriben en el moment adequat. En llegir sobre les idees, estratègies i tàctiques de Walmart, em sentia aclaparat. Implementar no es tracta simplement de copiar; cada situació requereix inspiració i pensament per resoldre els reptes que es van presentant.

Va arribar la final de la Champions

A mesura que vam implementar les idees amb el fervor que havíem injectat a l'equip, una cosa extraordinària va començar a succeir de sobte. Ens sentíem com a la final d'un campionat gairebé diàriament. Manteníem una alegria constant i emoció, recolzats per la fe i la confiança en el futur. Sabíem que ho estàvem aconseguint. Hi va haver dies en què vam superar els $5,000 USD, $6,000 USD, i fins i tot vam arribar a $9,850 USD en un sol dia. L'eufòria era increïble; tot marxava de manera sorprenent, en aquell negoci en què no es venia ni els $500 USD diaris.

Ens va prendre aproximadament 20 mesos arribar, amb encerts i errors al camí. Durant aquest temps, l'aprenentatge es consolidava, preparant-nos per a la gran transformació que estava passant a l'empresa. Assolir la meta és victoriós, però res no es compara amb l'ascens quan ningú creu i tu sí que creus. Dia a dia, guiar l'equip cap a aquest objectiu, amb passió i entrega, ens va permetre començar a aconseguir-ho a poc a poc. El procés va ser tan gratificant com el resultat final.

Enmig de l'ebullició i l'efervescència, la calistènia em brindava l'oportunitat de presentar a l'equip la nova fita. Com a líder, havia elevat l'estàndard i ara era el meu torn d'elevar el nivell de l'equip. Va ser en aquell moment quan vaig afegir simplement un zero a la meta anterior i em vaig proposar un nou objectiu: vendre $100,000 USD diaris en un municipi petit, amb no més de vint mil habitants.

Dir que ho aconseguim és important, però a la llarga no ensenya tant com el procés de com ho aconseguim. Estimat lector, tu també ho pots aconseguir trobant el teu propi mapa.

Arribes a la teva meta, puja el nivell

Ens trobàvem a prop d'assolir la meta dels $10,000 USD diaris, però vaig decidir elevar el llistó una vegada més. En cas contrari, entraríem en una zona de conformitat que, amb el temps, transforma un equip altament productiu en un de descoratjat i apàtic. Són els nostres somnis els que ens motiven, i dediquem el nostre esforç incansable a construir el futur que tenim al davant.

Recordo aquell dia en què gairebé arribem als $12,000 USD. Vaig somriure i vaig saber que estàvem a punt de superar la barrera dels $10,000 USD.

Enmig d'aquesta cadena de pensaments i oracions, vam aplicar les idees i les estratègies que havíem planejat. Ens vam adonar que, amb perseverança, podríem assolir els $32,000 USD en un sol dia. Mai abans no havia sentit tanta eufòria, perquè l'estratègia que tenia al cap per aconseguir-ho ja estava clara.

Detallar l'estratègia per assolir els $10,000 USD o fins i tot els $100,000 USD no és tan crucial com tenir la certesa que les teves estratègies seran igual d'efectives. La ment quan s'enfoca o es posa en "escac", donarà les idees com s'ha explicat amb la pregària, tenir fe en trobar les respostes que realment necessites. Recorda sempre que estàs fet a imatge i semblança de Déu.

Podria parlar-te sobre els diversos estats emocionals que experimentava l'equip mentre ho vivíem, però sé que tu també els viuràs. Recordaràs aquesta etapa com si estiguessis al meu equip i jo fos part del teu ara.

Riuran, però tu segueix.
Es burlaran, però tu segueix.
Deuen dubtar de tu, però tu segueix.
Els teus socis no et recolzaran, però tu segueix.
Fes la feina com si fos per a Déu, això ens ensenya la paraula, i així és com cal fer-ho.

Viuràs experiències que et faran créixer, aprendràs ia resoldre problemes que se't presentaran. Imagina això: cada nova solució que trobis a la teva vida, a la teva emprenedoria, et portarà a nous desafiaments. Abraça els problemes, perquè la manera com els enfrontes determinarà el teu creixement. Qui s'aixeca davant un problema derrota el gegant, però qui es deixa vèncer no ho aconsegueix. Tu ets el David de la teva pròpia història.

La dificultat i la prova

La desesperació de no vendre, juntament amb l'angoixa per cobrir les despeses fixes; la preocupació constant per pagar la nòmina i la difícil situació d'haver de decidir acomiadar persones que van creure en tu i que finalment havies arribat a creure'ls.

Quan les coses no van bé, els estats dànim són canviants; els proveïdors truquen i tots volen diners, incloent-t'hi. Però en aquesta quinzena tampoc no cobres; portes mesos sense cobrar i el propietari sembla que ha deixat de ser el teu millor amic.

En tot moment, i especialment en moments de dificultat, és quan descobrim realment qui som i de què estem fets. En situacions difícils, decidim quina versió de nosaltres mateixos ens en sortirem: si la d'un gladiador o la d'un covard.

En aquests moments és quan esperes més suport dels teus socis, especialment si és una organització. Per créixer, s'enfocaran a trobar solucions reals. En cas contrari, només tindràs una junta queixant-se perquè no veuen els resultats esperats.

Tot i Tot, Mantingues l'Enfocament

Fins i tot quan els indicadors diguin que estàs perdent, concentra't en els teus somnis i fites. En els moments d'adversitat, que sempre sorgiran, considera que només és l'examen que la vida t'està passant per determinar si estàs preparat per a la benedicció que ve en camí.

Una mentalitat audaç és fonamental per construir les bases d'una cosa gran. Has d'espantar les teves pors i allunyar-te de les persones al teu voltant que t'infonen por, encara que siguin éssers estimats. És difícil acceptar-ho, però és així. Curiosament, els més temorosos solen ser els més propers a nosaltres. D'alguna manera, intenten protegir-nos del dolor i del patiment. Tot i això, també hi ha persones que no volen que triomfis, perquè si ho fas, posarien de manifest la seva pròpia falta de capacitat. Sovint, no t'ho diuen directament, però les seves accions parlen per elles mateixes.

Allunyar-se en termes del que estàs fent no implica necessàriament trencar relacions. Simplement vol dir que algunes persones no tenen prou informació sobre el teu camí. Organitza la teva vida de manera que no permetis que informació que pugui preocupar-los arribi a les orelles. Això no només preservarà la teva salut mental, sinó que també beneficiarà el teu entorn.

Si et trobes en una situació en què la teva parella s'oposa o està completament en desacord amb allò que estàs fent, estàs davant d'una situació molt complexa. Llevat que la relació sigui sòlida i estigui basada en la comprensió i el suport mutu, podrien enfrontar desafiaments significatius.

Els problemes sempre hi seran presents; és normal. No podem esperar saber-ho tot abans d'iniciar una emprenedoria. Solia ser d'aquells que dedicava la vida a aprendre-ho tot abans de començar a fer-ho. No obstant, a la pràctica, em vaig adonar que aquest no és un bon camí. Aprendre sobre negocis en teoria sense posar-ho en pràctica és completament antipedagògic.

Cada problema té múltiples solucions; simplement escull la millor. Recordo haver escoltat aquesta lliçó en una conferència fa temps. L'oradora va compartir que li havia costat milers de dòlars aprendre aquesta lliçó. Ara, tu també et beneficies de llegir-la.

Aquesta tecnologia et permet assolir el que realment desitges a la vida. Para atenció i concentra't en això: el més important que necessites és **asseure't a pensar, prendre un full de paper i un llapis** . Per estrany que sembli, l'únic que necessitem és asseure'ns a pensar i enfrontar-nos a trobar la solució. És fascinant quan t'adones que això és tot el que cal.

Què és el que desitges? Seu a pensar com aconseguir-ho. Al principi, les idees poden no fluir fàcilment, però això és una qüestió d'entrenament. Cada vegada que ho tornes a intentar, es torna més fàcil. Recorda que tot és entrenable, millorable i aprenent. Així que, endavant!

A la crisi va aparèixer l'oportunitat

Ara ja no sóc soci, cosa que vaig experimentar en carn pròpia, una situació similar a la de Steve Jobs (guardades les proporcions). He vist la famosa pel·lícula sobre Jobs diverses vegades, i mai vaig imaginar que podria viure una cosa semblant. Saber que d'alguna manera podia experimentar allò que ell va sentir i va viure va ser impactant. Vaig tenir la magnífica oportunitat de viure'l, i així va passar.

Estàvem entusiasmats amb la idea d'assolir els $32,000 USD en un dia. De cop i volta, la missió estava clara i estàvem llestos per entrar en acció. L'alegria i eufòria que sentíem només es comparava amb la que vaig experimentar quan vaig ser campió nacional. La sensació que l'equip tenia en aquell moment era realment sensacional.

Estant en aquest procés, vaig rebre un missatge que deia: "No ets amo de res, no has signat documents". Encara que sabia que sí que ho era, aquesta veueta interna em va desafiar a demostrar-ho, i així ho vaig fer.

En dies anteriors, aquesta veueta interna m'advertia sobre el tema, però jo argumentava dient: "No entens, tenim un acord verbal i confio en aquesta persona". Hi va haver diversos pensaments sobre això, fins que finalment aquesta veu va començar a tenir efecte en mi. Vaig decidir prendre les mesures necessàries i elaborar els documents pertinents.

Faig la trucada inesperada, la que no vols fer, però saps que has de fer. En decidir-me a fer-la i adonar-me que la veueta tenia raó, vaig entrar en un estat de negació. El primer que vaig fer va ser corroborar personalment aquest fet.

Moltes coses van passar per la meva ment. Em sentia utilitzat, completament defraudat i molt trist pel que havia sentit. Tot i això, vaig decidir anar a escoltar-lo personalment. Estava furiós; no era la millor actitud, però la pregària amb Déu a poc a poc em va anar tranquil·litzant. Mentre manejava per anar a la confrontació verbal, l'al·legat previst seria incendiari. No obstant, en repetir la xerrada a la meva ment durant les gairebé tres hores que manejava el carro, baixava de temperatura.

La ment en aquesta situació pensa en moltes coses. La poca claredat que tenia em va portar a posar fre de mà a l'estratègia. Per primera vegada, vaig fer un auto saboteig a la meva vida conscient. Sentir-te d'aquesta manera, en saber que tot el que vas fer en 20 mesos de feina, de sobte s'esfuma i desapareix sense adonar-te'n (arribem a la meta del 2000% en vint mesos), és punyent.

Quan vaig arribar, estava calmat i tranquil. Durant aquest lapse de temps. Em vaig trobar en una situació inesperada: van confirmar que no n'era soci, sinó simplement un venedor amb comissió per vendes. Vaig passar de ser el propietari del rètol a convertir-me en el seu millor venedor. La notícia no em va asseure bé; no era la resposta que esperava ni la realitat que havia imaginat per a mi.

Pujant la muntanya

Pujar la muntanya i pregar es va convertir en el meu ritual personal en situacions que requerien concentració i solució. Vaig inspirar-me en les pràctiques de l'antic testament. Si ets creient, t'invito a fer el mateix; si no ho ets, intenta-ho de totes maneres, i veuràs com les solucions comencen a aparèixer.

"Pujar la muntanya i pregar es va convertir en el meu ritual personal en situacions que requerien concentració i solució."

Vaig pujar la muntanya a la recerca de saviesa i respostes. En aquell moment, el negoci estava al punt màxim, però jo sentia que estava construint un gran edifici per a una altra persona. La frustració i la confusió es van apoderar de mi mentre buscava orientació a dalt de tot de la muntanya.

Recordava les paraules de Jeremies 33:3: "Clama a mi i jo et respondré, i t'ensenyaré coses grans i ocultes que tu no coneixes". Mentre pujava la muntanya, repetia aquesta oració amb desesperació, plorant com si alguna cosa m'hagués trencat l'ànima i necessités cridar l'univers a la recerca de respostes.

Mentre pujava la muntanya, cercava respostes. Tot i que no era fàcil d'entendre, crec que el que vaig fer va ser clamar. I el millor de tot, vaig trobar el que estava buscant.

Vaig pujar la muntanya durant més de tres hores, recorrent aproximadament tres quilòmetres. A mesura que pujava, no trobava les respostes que buscava, però seguia amb el propòsit de trobar-les. Com més pujava, més a prop estava de trobar-les, encara que pensaments de desesperació emocional m'assaltaven.

De sobte, vaig arribar a un lloc on hi havia un mapa que havia vist vuit anys enrere. Aleshores, havia pujat amb el propòsit de fer exercici, però no tenia prou temps per arribar a la cascada Joaquina. Ara, a la recerca de respostes, estava decidit a arribar-hi.

La primera vegada que vaig pujar, fa com 8 anys, vaig arribar fins a cert punt i vaig tornar per falta de temps. En aquesta ocasió, mentre pujava, recordava fins on havia arribat i estava content perquè ara sí que coneixeria la cascada. L'ascens era pronunciat i, com més pujava, més cansament físic tenia. Esperava arribar el més ràpid possible, caminant i apreciant el paisatge que era davant meu.

Després de diversos minuts de caminar cap a la cascada, vaig arribar a una altra carretera en lloc de la cascada. Vaig veure una casa i vaig preguntar a uns senyors si coneixien la cascada Jacinta (en realitat es diu la Joaquina, però se m'enganxava més aquest nom). Un d'ells em va indicar la direcció per arribar-hi. La seva explicació va ser que m'havia de tornar una mica més de 500 metres, exactament per on havia pujat.

No ho entenia. Estava cansat, deprimit i de mal humor. El fet de ser amable no era la meva principal característica en aquell moment. Li vaig dir: "Però el mapa deia que aquí hi havia de ser". Tenia tal actitud que, per dintre meu, creia com si el senyor tingués la culpa que no estigués la cascada en el camí pel qual havia cregut que estava la cascada."

Baixant la Muntanya

Mentre baixava la muntanya, seguia pensant en la meva cerca i les preguntes que em feia. Tot i haver recorregut la meitat del camí, encara no havia trobat la resposta que buscava. Fins i tot dubtava que la trobés, especialment quan més la necessitava. En ocasions anteriors havia trobat respostes mentre pujava la muntanya amb un propòsit. Ara era diferent.

De sobte, vaig sentir un soroll al mig de la selva. Em vaig acostar i el soroll es va incrementar. Em vaig espantar i vaig córrer. Vaig creure que era una serp cascavell, però com que no tenia experiència amb aquest tipus de sons, podria estar equivocat.

Finalment, vaig arribar al punt de partida on hi havia el mapa. A diferència de la primera vegada que vaig pujar, em vaig trobar amb uns vilatans a qui els vaig preguntar per la cascada. Em van assenyalar la direcció correcta per arribar-hi i em van oferir acompanyar-los. Eren tres, i un tenia un matxet. El meu instint de conservació em va dir que no, així que vaig agrair i ells se'n van anar.

Al mapa, que era un rètol d'un i mig metres d'amplada per dos de llarg, hi havia uns arbustos que separaven el camí que havia agafat de la veritable ruta cap a la cascada. No vaig veure la veritable ruta ni la primera ni la segona vegada que vaig pujar. Al principi, estava convençut que el camí que havia pres anys enrere era el correcte, però com que no el vaig arribar a concloure, no vaig saber mai si realment portava al destí, a la cascada.

Moltes vegades a la vida, ens confonem i prenem el camí equivocat perquè no hem conclòs els processos o tancat els cicles. Només quan concloem i tanquem els cicles, sabem fins on podem arribar. Mentrestant, tindrem una experiència buida i sense significat que no nodrirà la nostra existència. Això ens porta a donar voltes a la vida i tornar al mateix punt de partida.

Després d'acomiadar-me dels senyors i posar-me en marxa per baixar la muntanya, anava somrient. El missatge i la resposta havia arribat, i l'objectiu principal pel qual havia pujat era clar. Em va arribar el missatge amb tant de poder i contundència que somreia agraït. Havia tingut la revelació.

La revelació

Estava feliç i emocionat, perquè el missatge arribava amb molta força i era tan clar, que ara les meves llàgrimes eren d'alegria. Sentia un alleujament a l'ànima i la potència del meu cor bategava en agraïment a Déu, perquè havia rebut la resposta. Vaig entendre tot i vaig donar gràcies a Déu per tot. Tot el que et passa és bé, quan aprens a veure el costat positiu de les coses. El meu ímpetu s'estava carregant novament per a un altre començament, encara que no sabia en què. L'única cosa que sabia era que ja estava millor.

"Tot el que et passa és per bé, quan aprens a veure el costat positiu de les coses."

Vaig entendre-ho tot i, gràcies a Déu, tot el que et passa és per bé. Vaig aprendre a veure el costat positiu de les coses i el meu ímpetu s'estava renovant per a un nou començament, encara que no sabia exactament en què consistiria. L'única cosa que tenia clar era que ja em sentia millor.

Recordo un conte que va compartir el pastor de l?església. Narra la història d?un rei i el seu escuder. El rei, muntat a cavall, es copeja amb la branca d'un arbre. L'escuder li diu: "Gràcies a Déu". El rei, una mica malhumorat, se'l mira de reüll. Més tard, el rei, preparant la seva escopeta, se li dispara accidentalment i vola part d'un dit.

L'escuder torna a dir: "Gràcies a Déu". Aquesta vegada, el rei va ordenar tancar immediatament l'escuder. Mesos després, uns indis capturen el rei i planegen ofrenar els déus. Quan està a punt de ser sacrificat a la foguera, el bruixot o mestre de la cerimònia revisa l'ofrena. Observa el cap, els braços, l'abdomen i el pit, tot està bé. Tot i això, en revisar els peus, s'adona que l'ofrena està defectuosa i decideix alliberar el rei per aquest motiu.

De tornada al castell, després de ser alliberat, el rei va fer cridar l'escuder i li explica el que ha passat, demanant-li disculpes avergonyit. L'escuder, mirant el rei amb calma, li diu: "No, per tot cal donar-li gràcies a Déu. Si hagués anat amb vostè, a mi m'haurien ofrenat els déus. Sempre vaig estar al seu costat. Per tot, dóna gràcies a Déu.

Aquest missatge ressonava a la meva ment amb força i les paraules em meravellaven. El meu entusiasme creixia i la tranquil·litat tornava a mi.

Revisa el mapa

El missatge va començar a ressonar a la meva ment, revelant-se que anys enrere no havia aconseguit arribar a la cascada a causa de la manca d'un mapa. Tot i que el mapa sempre hi va ser, la primera vegada que vaig intentar pujar, no hi vaig parar gaire atenció. Però aquesta vegada era diferent, ara que ho havia vist, vaig comprendre la importància del mapa a la vida.

En aquell moment, els records de tot el que havia viscut van venir a mi: els èxits i els fracassos que m'havien modelat en la persona que sóc avui. Havia visualitzat la meta de vendre $100,000 USD en un dia gràcies a tot el procés pel qual havia passat. Complir aquesta meta i la manera de fer-ho es va convertir en el mapa que havia estat traçant al llarg del temps.

Ara sabia com establir metes grans a la vida i assolir-les. Vaig comprendre que allò fonamental era saber què volia fer amb la meva vida; el "com" vindria a més. Només m'havia d'atrevir a fer-ho i arriscar-me pel camí. Tot i que havia estat construint el meu propi negoci, havia enfrontat desafiaments legals en el passat, cosa que no era nova per a mi.

En veure el mapa, tot es va tornar clar. En parlar amb els pagesos, la claredat es va fer encara més evident. Ara sabia que podia iniciar de nou en una altra activitat i que en aquest nou camí podria traçar un nou mapa per a mi mateix, ja sigui a la indústria que decidís enfocar-me novament.

El missatge ressonava amb força i tot s'entrellacen a la meva ment, encara que plasmar aquesta mateixa sensació en paraules escrites resultava desafiant. En resum, el procés per descobrir com vendre $100,000 USD diaris era el fruit de les experiències viscudes: aquest era el meu mapa i podria ser també el teu.

En el meu primer intent de pujar la muntanya, no vaig arribar a causa de la manca de claredat al mapa i l'absència d'algú a qui preguntar. Això em va portar a la conclusió de la importància d'aprendre a obtenir un mapa amb la saviesa i l'experiència que un té en aquell moment. La quantitat dexperiència no importa tant com lacció de fer-ho; pel camí, s'aprèn i es comprèn tot. A mesura que mantinguem l'enfocament, desenvoluparem la maduresa suficient per tirar endavant qualsevol projecte o propòsit a la vida.

"La quantitat d'experiència no importa tant com l'acció de fer-ho; pel camí, s'aprèn i es comprèn tot."

Tot estava clar, almenys així ho pensava. Vaig reflexionar sobre aquesta veritat i vaig comprendre que ara podia crear el meu propi mapa. Em vaig adonar que era capaç de ser el constructor dels meus propis mapes, dissenyats per al meu ús personal. No podria fer un mapa a mida per a algú més; hauria de conèixer profundament aquesta persona per poder ajudar-la. Per això, vaig preferir compartir aquesta història com un exemple per a aquells que estiguin preparats per traçar el seu camí cap a l'èxit.

La segona vegada que vaig intentar pujar, tampoc no ho vaig aconseguir. Encara que havia vist el mapa, no vaig aconseguir comprendre'l i no tenia a qui preguntar. D'alguna manera, aquesta història és la meva manera d'escoltar-vos i acompanyar-vos en la construcció del vostre propi mapa cap a l'èxit.

Aprèn a llegir el mapa

L'endemà, mentre encara reflexionava sobre el que m'havia passat, va arribar el meu nebot, aquell ésser estimat que va venir a buscar consell en un dels moments més reflexius de la meva vida. Li vaig explicar tot el procés i ell es va convertir en la primera persona a escoltar aquesta història completa.

Emocionat, em va dir que volia anar a la cascada. Li vaig respondre: "Vinga, jo tampoc la conec". Vaig mirar el rellotge, eren passades les dues de la tarda. Vaig fer alguns càlculs mentals i vaig decidir acompanyar-lo. Vam pujar amb moto fins al punt on es podia arribar amb vehicle, la vam estacionar i li vaig explicar el camí incorrecte que havia pres en els meus primers intents. Amb certesa, li vaig dir: "És per aquí".

Comencem a córrer emocionats per arribar ràpidament. Seguíem avançant, ell corria amb agilitat al meu costat. Més endavant, em vaig adonar que ja no era al meu costat. Em vaig tornar i ho vaig animar a seguir més ràpid. Continuem corrent i, a la nostra pressa per arribar, arribem a un punt on ens vam adonar que necessitàvem més temps. Hi havia una bifurcació al camí; vaig agafar el camí que baixava, però uns metres més endavant em vaig sentir perdut pel que fa a la cascada, així que vam decidir tornar.

Mentrestant, vaig rebre una trucada duna amiga. Parlem sobre negocis, creixement espiritual i altres temes. Vaig saber que Mike Tyson havia tornat a lluitar aquesta matinada; encara que clarament va guanyar, l'empat estava acordat, ja que era una baralla d'exhibició. També vaig saber que Elon Musk havia pujat al segon lloc de la llista dels homes més rics del món. Admiro profundament aquests dos exponents per la seva capacitat per construir el seu propi mapa cap a l'èxit als seus respectius camps.

De tornada a l'oficina, pugem a la moto i baixem de la muntanya sense haver vist la cascada. No teníem temps, però vam fer un compromís: escriure aquest llibre. Aquesta història havia de ser explicada, i així ho vaig prometre al nebot.

Uns dies després, vaig tenir l'oportunitat d'explicar aquesta història a una amiga. Ella, tan encantadora i delicada, em va escoltar amb entusiasme i em va seguir atentament mentre li explicava fins on arribava el relat. Es va emocionar amb la història i va decidir acompanyar-me a la pujada a la muntanya per conèixer la cascada junts.

Planegem l?ascens, però això ja és un detall. El missatge important és aprendre a construir el mapa. Cada persona ha d'aprendre a traçar el seu propi camí, i els mentors al camí t'ajudaran a escurçar el procés.

Trobant un guia o mentor

El diumenge següent, després d'haver fet el compromís de pujar a la muntanya amb la meva amiga i no trobar ningú més per acompanyar-nos es va desanimar a pujar, aleshores vaig decidir pujar sol. Aquesta vegada va ser la vençuda, el quart intent.

Tenia un propòsit diferent en ment en aquesta ocasió, cosa que és fora del context d'aquest llibre. Només diré que la meva intenció va rebre una resposta positiva.

Quan vaig arribar al punt del mapa, vaig començar a notar algunes diferències significatives. Vaig estudiar el mapa amb deteniment i de cop i volta, va aparèixer un jove d'uns 14 anys aproximadament. Li vaig preguntar si coneixia la cascada i em va confirmar que sí. Els senyors a la meva segona pujada no coneixien la cascada, cosa que em va ensenyar la importància de saber a qui preguntar i què preguntar.

Li vaig explicar que al camí cap a la cascada hi havia dos senders, un que baixava i un altre recte. Ell em va dir que sempre camini recte i mai baixant. Així que vaig decidir seguir el consell i vaig emprendre el meu viatge cap a la cascada.

Descobrint la cascada

El so llunyà d'una cascada va començar a omplir l'aire mentre s'endinsava encara més a l'espessor de la vegetació. Cada pas que feia apropava al destí, encara que el camí estava xopat i relliscós, i els petits rierols que creuava mullaven les meves sabates. La humitat penjava a l'aire, i la vegetació crescuda indicava que ningú no havia trepitjat aquest lloc en anys.

Després de caminar un llarg quilòmetre, finalment va arribar a una clariana al mig de la selva. Davant els meus ulls sorpresos es va revelar un espectacle de la natura: una cascada majestuosa, alta i poderosa, que queia a una piscina natural d'aigua cristal·lina. Però el més sorprenent de tot va ser l'arc de Sant Martí que ballava a les gotes d'aigua, creant un espectacle de colors enlluernadors que il·luminava el paisatge.

Em va acostar cautelosament a la cascada, les petites partícules d'aigua m'embolicaven. Se sentia com un regal del cel, com si la mateixa naturalesa estigués celebrant l'arribada.

L'emoció m'envaïa mentre em submergia a la piscina natural. L'aigua freda l'embolicava, i la força de la cascada copejava el meu cos amb una energia revitalitzant. Se sentia com si estigués en un somni, com si hagués descobert un tresor perdut durant segles.

En aquell moment, em vaig sentir com un veritable descobridor, com un pioner que havia trobat un racó secret del món. L'eufòria va inundar les meves emocions mentre em deixava portar per la meravella de la cascada, agraït per haver perseverat a buscar-lo malgrat els desafiaments del camí.

I així, enmig de la selva, vaig trobar no només la bellesa de la natura, sinó també un sentit d'assoliment i sorpresa que m'acompanyaria per sempre. El meu cor bategava al ritme de la cascada, i el seu esperit es va elevar amb la magnificència de l'arc de Sant Martí.

En observar el mapa, em vaig adonar que hi havia una altra ruta més propera a la carretera, vaig estimar que estava a uns 100 metres de distància, en lloc dels 1.000 USD que havia de recórrer per on em dirigia. Vaig entendre que el millor era aprendre a llegir el mapa correctament i cercar la ruta més curta.

Mentre caminava cap a la cascada, vaig adonar-me que si aprenia a interpretar millor el mapa, podria arribar més ràpid. La idea tenia sentit per a mi. Vaig visualitzar arribar a la cascada i tornar per l'altra banda per demostrar la importància d'escurçar el camí i aprendre a llegir el mapa de manera efectiva.

Tot i això, en arribar i meravellar-me de la cascada, em vaig decebre en adonar-me que no hi havia una ruta curta. El missatge es va modificar: ja no es tractava d' aprendre a escurçar el camí, sinó de seguir correctament el mapa.

A la vida, sovint busquem dreceres i formes ràpides de fer les coses, sense saber quan ens portaran a l'èxit. En aquests moments, **la determinació i l'ímpetu són allò que realment marquen la diferència entre l'èxit i el fracàs** . A més, el fracàs, vist com a aprenentatge, és beneficiós per al nostre desenvolupament humà, malgrat allò que es pensa fora del món de l'emprenedoria.

"A la vida, sovint busquem dreceres i formes ràpides de fer les coses, sense saber quan ens portaran a l'èxit."

Si els altres ja han trobat el camí, és important aprendre de les seves experiències. Aquests són els mentors, persones que ja són al camí al qual volem arribar. Les vostres històries d'èxit i fracàs poden ser una font d'inspiració per a nosaltres. En el meu cas, el mapa estava ben fet, però les suposicions i una mala interpretació em van portar a conclusions errònies, tot distorsionant el veritable missatge.

"Si altres ja han trobat el camí, és important aprendre de les seves experiències."

Aquesta experiència em va fer recordar una història sobre un rei que va convocar un consell de savis per crear un document que pogués guiar qualsevol que el llegís, brindant-li el control sobre el seu destí. Els savis es van reunir durant cinc anys i van presentar dotze toms sobre com aconseguir-ho. El rei, en veure els llibres, va demanar una mica més curt. Cinc anys després, van tornar amb un sol llibre, però encara semblava massa llarg per al rei. Després d'altres deu anys de treball, van presentar un sol full en què estava escrit: **"NO HI HA Drecera SENSE TREBALL"** .

La connexió

El mapa de la cascada em va portar a entendre que per al negoci havia construït al llarg de la meva vida diferents mètodes que van concloure en la construcció d'unes metes altes. I d'aconseguir aquestes metes de la mateixa manera que es va aconseguir arribar a la cascada, com en un símil, la vida mateixa actuant com la gran mestra que és.

Aquest símil d'entendre el mapa per arribar a la cascada i arribar a aconseguir grans fites en els negocis, va produir aquest resultat.

Tancar el cicle i seguir endavant

La conversa final amb el soci, que no va ser confrontativa sinó més aviat una xerrada entre cavallers, vaig comprendre la importància d'estar agraït per tot el que passa a la vida. En aquell moment, potser no entenguis la lliçó que Déu t'està ensenyant, però mirant retrospectivament, em vaig adonar que havia guanyat més i tenia més temps lliure per gaudir de la vida. Això no té preu. El mapa que estava construint en aquell moment anava per bon camí, i estava creant diversos mapes per a mi mateix.

La reunió es va convertir en una explicació mútua del que cadascú havia dit, pensat i cregut. Vaig arribar a la conclusió que havia estat un problema de comunicació. Ell es va quedar amb l'empresa, jo amb el mapa, i tots dos estàvem feliços amb allò que Déu ens havia destinat.

Aprofundir en els detalls d aquesta història no és el propòsit d'aquest llibre, i seria injust expressar la meva posició aquí, ja que la veritat és holística, i la meva contrapart també té raó en aquest assumpte.

Aprèn a extreure el més valuós de la vida; a cada moment, hi ha ensenyaments de saviesa que el món necessita conèixer, i tu pots ser el mestre que tots necessitem per viure millor.

"A cada moment, hi ha ensenyaments de saviesa que el món necessita conèixer, i tu pots ser el mestre que tots necessitem per viure millor."

És moment de reinventar-se una vegada més. Cal mantenir una actitud positiva, confiar en el present i tenir una perspectiva clara del futur.

Steve Jobs, després de deixar Apple, es va reinventar i va revolucionar nou indústries diferents. Al film sobre la seva vida, eventualment torna. No sé si alguna cosa semblant passarà en el meu cas. L'única cosa certa aquí i ara és enfrontar la reinvenció amb passió i confiança en el futur.

"A la vida, no obtenim el que mereixem, sinó el que negociem per escrit."

Després d'alliberar-me d'aquesta situació i amb la ment clar, van arribar les idees i la creativitat va fluir. Vaig revisar els recursos disponibles i enfocar la capacitat de treball. Si ja ho havia aconseguit una vegada, podria fer-ho de nou. Un veritable campió ha de revalidar el seu títol una vegada i una altra, mentre tingui l'energia per seguir competint.

"El que passa a la teva ment és més divertit que les xarxes socials"

Quan estàs veritablement enfocat a les teves metes, experimentes una història interna tan espectacular que eclipsa qualsevol distracció externa. La fascinació per allò que estàs aconseguint es torna tan intensa que les xarxes socials, plataformes com TikTok, Facebook o Instagram, i altres formes d'entreteniment perden rellevància. En arribar a casa, en recostar-te a la nit, tanques els ulls i et submergeixes a la pel·lícula de la teva vida, t'adones de com està d'increïble.

En aquest estat de concentració, el que passa a la teva ment es torna més emocionant que el que passa al teu voltant. La meravella de la teva pròpia narrativa, dels teus projectes i records, adquireix una importància significativament més gran que el que podria estar passant a les xarxes socials, notícies internacionals o avenços tecnològics. Aquest enfocament profund en els teus objectius crea un món interior tan vibrant i enriquidor que es converteix en una font de satisfacció i significat, superant les distraccions externes.

Quan arribes al punt quan el que passa a la teva vida és més fascinant que qualsevol cosa en una xarxa social, t'adones que estàs somiant al màxim nivell que la teva ment et permet. Aquest estat revela que estàs en camí d'aconseguir una cosa gran, una mica gegant. Aquest nivell d'enfocament i dedicació només s'assoleix quan realment estàs compromès a desenvolupar el teu màxim potencial. Ets al llindar de conquerir metes significatives i assolir nivells extraordinaris d'èxit.

Segona Part Construeix el teu mapa

Com construir el mapa

A la primera part, es va detallar pràcticament tot el que va passar en un estudi de cas que va portar a l'èxit amb un augment en les vendes del 2000% en un període de vint mesos. Ara, ens enfocarem a construir un mapa, una metodologia que es pugui aplicar en diferents contextos i cultures. L'objectiu es va assolir, però allò veritablement essencial és transmetre al lector que també pot aconseguir allò que es proposa, aconseguir allò que es proposa és fàcil, determinar que proposar-se és allò complex i on més temps perd l'ésser humà, fins i tot la manca de propòsit acaben amb una vida que va poder brillar.

Tot comença amb un acrònim desenvolupat a partir de l'experiència, que va ajudar a generar idees clares per ensenyar com una altra persona pugui construir el seu propi mapa. Aquest acrònim és Vimas, que fa referència a: Visió, Metes, Activitats a executar i Seguiment.

Aquests elements són fonamentals per desenvolupar una agenda de treball, producte duna sèrie de plans a executar-se per passar del punt A al punt B.

Un Vimas complet es fa en un lapse de quatre anys, emprant l'analogia del cicle olímpic. Així com els atletes d'alt rendiment es preparen per a la seva millor actuació i superen rècords olímpics, a la teva emprenedoria ia la teva vida, es planificarà per aconseguir aquests resultats al teu camp. Cada any es divideix en quatre plans a executar cada tres mesos, cosa que dóna lloc a quatre microcicles en un any, setze microcicles en un període de 4 anys.

Visió: La visió és una declaració a llarg termini que descriu l"estat futur desitjat d"una organització, empresa o individu. És una imatge clara i inspiradora del que es vol assolir en el futur.

Meta: Una meta és un objectiu específic i quantificable que una persona, organització o empresa s'esforça per assolir en un període de temps determinat. Les metes són concretes i s'estableixen per mesurar el progrés cap a l'assoliment dels objectius més amplis. Són declaracions clares i definides que descriuen allò que es pretén assolir i proporcionen una direcció clara per a l'acció i l'enfocament. Les metes són assolibles i realistes, i s'estableixen amb terminis definits per avaluar l'èxit i el progrés en el camí cap a l'èxit.

Activitats a Executar: Les activitats a executar fan referència a les tasques específiques i accions concretes que s'han de dur a terme per assolir un objectiu determinat i aconseguir la meta proposada. Aquestes activitats són accions planificades que formen part d"un procés o projecte i estan dissenyades per complir metes i objectius predefinits. Poden variar en complexitat i escala i sovint s'organitzen en seqüències lògiques per garantir un progrés ordenat cap a l'assoliment dels resultats desitjats. Aquestes accions són fonamentals per implementar estratègies, completar projectes i assolir metes establertes, i requereixen una assignació adequada de recursos i un seguiment adequat per assegurar-ne l'execució exitosa.

Seguiment: El seguiment fa referència al procés de monitoritzar i avaluar el progrés cap a l'assoliment de les metes i activitats a executar establertes. Implica revisar regularment l'exercici, identificar àrees de millora i fer ajustaments necessaris en les estratègies per assegurar que s'avanci en la direcció correcta.

A la taula Vimas a tres mesos, hi ha un exemple com a referència, a la primera columna els dies de l'1 al 90, ia la primera fila es troben les activitats a executar, als extrems es troben els percentatges de compliment, que han d'estar al 100%.

Per exemple l'activitat 1 es va executar diàriament aconseguint el 100%, les activitats següents van acabar amb un 50%, 30% i 20%. El dia 1 es van realitzar les tres activitats programades, amb això té una puntuació del 75%, d'èxits. Això per poder fer el seguiment diari a les activitats a executar. Un seguiment correcte garanteix que les metes proposades es compleixin i amb això la visió. Quan les activitats a executar plantejades no són tan efectives, estàs es canvien, l'important és aconseguir la meta, idees millors poden aparèixer de cop i volta i si cal canviar una activitat, es canvia per complir les metes proposades.

La visió clara o els somnis clars de què és el que en realitat es vol desenvolupar, és el més difícil de fer en realitat, quan s'aconsegueix la claredat en què és el que es vol, com, amb el temps es va organitzant, no cal esperar a tenir totes les respostes al principi, al principi l'única cosa important és tenir claredat per on se'n va, després de reflexions i oracions en fe i agraïment, les idees més espectaculars arribaran.

<table>
<tr><td colspan="6">CONSTRUCCIÓ DEL MAPA VIMAS EN TRES MESOS
1/16</td></tr>
<tr><td colspan="6">Visió: Consolidar l'empresa distribuïdora com una cadena a nivell nacional, especialitzada en la venda al detall i l'engròs d'una àmplia varietat de productes no alimentaris. Amb canals virtuals de comercialització per arribar a un públic divers i satisfer les vostres necessitats.</td></tr>
<tr><td colspan="6">Fita: Aconseguir vendre 10.000 USD diaris a un poble de menys de vint mil habitants.</td></tr>
<tr><td colspan="6">Activitats a executar:
1-Aconseguir 10.000 € de venda diària.
2-Desenvolupar un canal de distribució a l'engròs a 32 municipis propers
3-Aconseguir 3 proveïdors per representar les seves marques a la regió
4-Tenir 20 clients per mes amb l'estratègia Tras Tras Tras.</td></tr>
<tr><td rowspan="2">Dia</td><td colspan="4">Activitats a executar</td><td rowspan="2">S
Seguiment</td></tr>
<tr><td>1</td><td>2</td><td>3</td><td>4</td></tr>
<tr><td>1</td><td>1</td><td>1</td><td>1</td><td></td><td>75%</td></tr>
<tr><td>2</td><td>1</td><td>1</td><td></td><td>1</td><td>75%</td></tr>
<tr><td>...</td><td>1</td><td>1</td><td></td><td></td><td>50%</td></tr>
<tr><td>88</td><td>1</td><td></td><td></td><td></td><td>25%</td></tr>
<tr><td>89</td><td>1</td><td></td><td>1</td><td></td><td>50%</td></tr>
<tr><td>90</td><td>1</td><td></td><td>1</td><td></td><td>50%</td></tr>
<tr><td>S</td><td>100%</td><td>50%</td><td>30%</td><td>20%</td><td>xx%</td></tr>
</table>

Taula 1 Vimes a tres mesos.

"no cal esperar a tenir totes les respostes al principi"

Quan el què? ja és clar l'única cosa que comença fer falta és determinar el pas a pas, les activitats a executar, el que cal seguir per aquesta raó cal enfrontar-se al full en blanc i començar a escriure, considerant això darrer com la màxima tecnologia per a aconseguir-ho tot, ara quan ja s'està en execució quan ja s'està diàriament pensant en això, somiant aconseguir determinats resultats, la clau sempre estarà és en l'oració que fem diàriament, perquè és una oració que la fem amb fe i amb creença que això serà real, que serà possible i d'aquí a poc temps o de x quantitat de temps, cal creure's el que un realment està demanant perquè recordem que la paraula ens diu "demana i se us donarà".

Quan es troba a l'estat enfocat completament en els somnis, no hi ha motiu per amargor, per estar trist per expressar algun tipus de sentiment negatiu, sinó tot al contrari, ja que sempre està enfocat a aconseguir pràcticament a realitzar els somnis o la visió de l'empresa, de l'organització, que està destinat a desenvolupar i per a aquest cas, simplement l'enfocament és treballar, que a poc a poc les idees d'aquest o aquests objectius de què és el que cal assolir, s'aniran aconseguint poc a poc.

Mentre es manté a l'estat de l'expectativa, en aquest estat on es troba visualitzant el que realment vol, l'energia és completament positiva, l'energia és agradable, l'energia irradia l'equip de treball que està liderant. És genial perquè tot al teu voltant veuran una esperança que es té absolutament clar què és el que vols, i com es desenvoluparà, o les idees clau, les estratègies clau per poder arribar, a poc a poc van arribant. A l'exemple es va aconseguir la meta en vint mesos, no vol dir que la idea brillant va arribar finalitzant aquest període, no, la idea brillant va arribar al tercer mes, i en la mesura que va arribar, es va començar a executar.

L'execució de les Activitats és una part supremament important, perquè si hi ha una idea brillant, la idea del milió de dòlars, però sí que no es fa res amb aquesta idea, llavors no passarà res perquè l'única manera, l'única cosa realment important és que es pugui fer, executar les idees que vindran a la ment, amb la mentalitat i l'actituc correcta. Si aquestes idees es treballen amb l'equip, l'equip de treball li ha de donar prou energia, prou informació perquè s'hi empoderi i faci fluir la idea, com si fos que la comprenguin, que l'entenguin, que la adoptin seguint les indicacions del seu líder.

Al principi arribaven les idees tipus tres de la matinada, completament adormit, descansant i no s'imaginava que d'aquesta manera les millors idees arribarien tan aviat al dia. Com que no les anotava, no les escrivia, quan ja despertava no aconseguia recordar quina era la idea, entre el somni era una mica difícil aixecar-se a prendre nota, per poder analitzar la idea a la llum del dia. Això va passar exactament tres vegades, arribava la idea, pensava que era genial ia l'altre dia o rastre de quina va ser la idea, no va ser sinó fins que vaig decidir començar a escriure en un quacern i el mòbil al costat, per fer les respectives anotacions .

Òbviament no passava res si primer no les anotava, i si no les anotava doncs sí que menys execució tindria aquesta idea, aleshores amb el temps simplement pensava en la bona que va ser aquesta idea però que no vaig fer res i era trist molt trist perquè quedava amb la sensació que havia estat una idea brillant la que havia tingut, a les nits dormint i alguns en diuen la ment subconscient però els creients sabem que és Déu que comença a manifestar-se, i comença a donar-nos les idees claus que per poder aconseguir allò que realment ens hem proposat. També és cert que poden arribar les idees en qualsevol moment, he experimentat tant com estant adormit, com estant despert.

Per què recordem i recordar és molt important, per un instant posa't a pensar et trobes gestionant una empresa, aquesta empresa no ven més de $500 USD al dia, però que l'enfocament en què aquesta empresa mogui $10,000 USD diaris, quan ni tan sols estàs arribant als $500 USD.

Això a l'acadèmia, als llibres tècnics, a la planejació, això no es trobarà perquè senzillament, el 'correcte' és que un tingui un creixement d'un 5%, d'un 10% d'any a any, o de sobte una mica més del 20%, però creixement com el que es va aconseguir, requereix un altre tipus de coneixement, són creixements exponencials, completament irreals. Fins i tot la forma d'escriure això no pot ser diguem amb una altra base més que la narració d'una cosa que va passar, que no hi ha cap dubte, que si s'implementa en un altre context, en una altra cultura, en una altra empresa, amb una altra idiosincràsia, sempre i quan els principis fonamentals que s'estan transmetent en aquest capítol es puguin implementar, és completament segur que es pugui obtenir els resultats més increïbles, que mai t'haguessis imaginat, on acaba dient, "perquè no somiï més d'allò més bé".

Aleshores el que queda és implementar bé la metodologia, que és una metodologia senzilla, que fàcilment la podria tornar més complexa, i que per al que és metodòleg resulti satisfactòriament adequada, i moltes vegades omplim llibres sencers, i la complexitat de les pàgines fan que s'escrigui i després s'oblidi o no es faci servir, està senzillesa com es veu a la taula 1, el que busca és en una sola mirada enfocar-se en allò important.

Les eines necessàries per poder assolir grans objectius, es defineixen clarament amb l'acrònim Vimas, i la clau d'aquest procés és la REPETICIÓ , noteu que al principi la meta encara que era alta, amb el temps i la claredat de propòsit de l'organització, tots es van enfocar a aconseguir-la.

A l'equip de treball se'ls repetia diàriament, amb l'execució de les activitats la confiança i la seguretat que es podia aconseguir va anar creixent, els resultats després de mesos d'estar intentant van anar donant el resultat esperat. Els que veien que era una bogeria quan pregava als matins, demanant amb fe i agraïment perquè no són coses normals, això no és normal que quan es ven menys de $500 USD diaris, vulgui arribar tan ràpid a vendre $10,000 USD, molt més quan s'arriba als $10,000 USD, que es va plantejar la nova fita de pujar la barrera per als $100,000 USD diaris, perquè un zero fa o contribueix i permet que surtis completament de l'estat de confort i no et conformis amb menys, si hi ha la capacitat només és qüestió de posar la meta i començar a treballar-hi.

Una reflexió, què hauria passat si l'enfocament en arribar als $1000 USD o potser als $2000 USD, de segur estaria pivotejant entre $1000 USD i $2000 USD, que hagués estat bo, no diré que no, el punt d'equilibri ho vam aconseguir amb $850 USD, llavors vendre entre $1000 USD i $2000 USD era bo.

Si l'enfocament hagués estat menys exigent, les idees i l'execució també podrien ser menys exigents en la seva aplicació. L'energia que transmetia hagués estat diferent i aquí és on cal ser clar amb els emprenedors, és molt diferent quan s'està empenyent una carreta de gelats venent al carrer, si surts a empènyer aquesta carreta sabent a la teva ment que al seu moment vas a tenir per exemple mil carrets de gelats venent a diferents ciutats del país, l'actitud és diferent, i el nivell d'esforç és a tal grau que en el seu moment tu voldràs explicar aquesta història.

La gent que t'escolta, la que et veu, la gent que ja et vegi triomfar voldrà saber què va ser el que vas fer, com ho vas fer, alguns mai et creuran que vas començar des de zeros, però la veritat és que a la mesura que vagis practicant en la mesura que vagis fent aquest tipus de planejament, perquè és una planejació que es fa cada tres mesos millor dit t'arriba una idea l'executa la realitzes, i queda ja completament instaurada a la teva feina quotidiana, i segueixes per la següent idea i la següent millora i la següent millora, i si et passes de millores en millores arribarà el moment en què les grans metes plantejades seran una realitat.

Però ara imagina't això, està la persona empenyent el carret de gelats i l'única meta que té al dia, l'única meta que té al matí és aconseguir per dinar, meta de tarda o de sobte per pagar el servei públic , aleshores surt de mal humor, diu per què em va tocar a mi aquesta empresa, o sigui per què no hi ha més oportunitats, surt renegant de la vida. Surt renegant de les situacions que li estan passant, no està mirant tot el panorama perquè la visió que té aquesta persona és una visió que no li permetrà créixer, però si el sabés, que es dediqui que faci servir aquesta metodologia o una semblant, ell algun dia podrà tenir una empresa de mil sucursals per exemple, com orgullós i feliç i la seva autoestima pels núvols, pensant a seguir expandint o en un altre negoci, en una altra indústria, els principis són els mateixos.

Com s'eleva l'autoimatge, com es dispara aquest ímpetu, si aquesta persona cregués que realment ho aconseguirà, perquè l'única raó per la qual no ho aconseguirà, és perquè no els ho ha proposat per la visió que té.

Aconseguir aquests magnífics resultats aleshores, no és res més que enfocar-se, a aconseguir aquest tipus de resultats, seguir la metodologia voler que es pugui, i aquí estem per poder arribar a les grans metes.

"Ell no sabia que no es podia, simplement ho va fer"

Com mantenir la mentalitat guanyadora

La mentalitat guanyadora s'adquireix en enfocar-nos sempre a la visió que posseïm, no a la càrrega que portem. Sempre ens hem de concentrar en la visió, en el somni que aspirem a aconseguir, i no en la càrrega de la feina, l'esgotament físic o mental. Mantenir el nostre enfocament on volem ser i allò que volem assolir ens proporcionarà l'energia necessària per treballar de manera àrdua i constant quan la nostra ment està fresca i en un cicle positiu de pensaments.

És completament normal, ja que som humans i la nostra emocionalitat experimenta ritmes que poden afectar positivament o negativament les nostres activitats diàries. Amb el temps, aquests ritmes es poden dispersar, permetent que la procrastinació s'instal·li i que qualsevol obstacle ens desviï del veritable objectiu. És fàcil treballar quan estem entusiasmats, enfocats o quan tot està bé a la nostra vida, però en aquest moment he de ser clar: ens hem d'acostumar a treballar passi el que passi al nostre voltant.

Les situacions existiran per a tots, i el que realment necessitem és enfocar-nos en allò que volem. El treball dur, constant i incansable és fonamental. Necessites desenvolupar una resistència tal que pràcticament res no t'enderroqui: ni la ruptura d'una relació amorosa, ni cap situació per la qual estiguis travessant, ni els moments dolorosos que puguis estar experimentant. Mantenir-se ferm davant de les adversitats és essencial per assolir les teves metes.

No podem esperar que tot a la nostra vida flueixi de la millor manera per començar a actuar, emprendre i ascendir la muntanya dels nostres somnis més desitjats. No pots esperar que tot sigui perfecte. Fins i tot en els moments de més adversitat, enmig del dolor i les dificultats, si et trobes en un d'aquells moments, primer comprèn que no ets l'únic. Permet-me dir-te que, si t'enfoques, sortiràs victoriós. No permetis que les situacions t'enderroquin.

Connecta't amb tu mateix i busca tota la teva energia en els somnis que anheles complir. Imagina com et sentiràs quan aconsegueixis assolir aquests somnis, com somriuràs fins i tot enmig de les adversitats. Recordo, per exemple, la pel·lícula "Mans Miraculoses", on es narra la història del doctor Ben Carlson interpretat per Cuba Gooding Junior. Tot i perdre els seus fills en un moment difícil de la seva vida, la pel·lícula destaca l'actitud, disposició i servei del metge per complir la seva missió, enfrontant-se a l'adversitat amb valentia. Atenent un part.

No sé si això és una regla general, però quan et decideixes fer alguna cosa gran, enfrontaràs obstacles. Aquests obstacles poden aturar-te o convertir-se en graons que puges a l'escala cap a l'èxit, com pujar una muntanya. Si aconsegueixes superar cada problema, cada inconvenient i cada situació que es presenta a la teva vida, hauràs arribat al meravellós món del creixement humà.

Si no permets que cap obstacle t'enderroqui, estaràs preparat per enfrontar cada desafiament que es presenti. Cada cop que superes un obstacle, un altre pot sorgir, però en superar-lo, t'estaràs preparant per a metes més grans i somnis més increïbles. Si permets que el primer obstacle o la primera situació t'enderroquin, això indica que potser no estàs llest per enfrontar desafiaments més grans. Superar obstacles és una decisió, i l'elecció que has de fer és continuar endavant, avançar i consolidar tot allò que desitges i posseeixes.

Al camí, hi haurà persones que estiguin al nostre costat des del principi, d'altres que apareguin en el nostre camí quan ja estiguem construint el que anhelem, i també n'hi haurà que ni tan sols coneixem encara. Alguns creuran en nosaltres, mentre que altres propers poden dubtar. Tanmateix, allò crucial no és que ells creguin en tu, sinó que tu creguis en tu mateix. Enfoca't en allò que realment creus que pots aconseguir i convenç-te del que ets i del que tens. Així que segueix endavant i no et desanimis per res.

L'acció guareix la por, la inacció alimenta la por paralitzant que no ens deixa avançar, en lloc de quedar-te quiet actua, quan l'adversitat et visiti, assabenta't que només és una prova que també la passaràs. Revisa els teus somnis, prega a Déu que tot et serà possible.

Com millorar

Absolutament, aquesta és una perspectiva valuosa. La idea que tot allò que es mesura és susceptible de millora reflecteix l'essència de l'evolució continuada. Com a civilització, s'ha demostrat una capacitat constant per millorar les formes en què fem les nostres tasques i com abordem els reptes. El mesurament i l'avaluació són eines essencials per a aquest procés de millora contínua.

Visió

Com millorar la visió? Com aconseguir que la visió transcendeixi? Com fer que la visió actual del negoci sigui emocionant i estimulant, tot fomentant el creixement continu i el desenvolupament constant de l'empresa? La pregunta central és com aconseguir que aquesta visió sigui absolutament clara, de manera que totes les persones que treballen al seu entorn sentin aquesta energia positiva d'estar contribuint a quelcom grandiós.

La clau rau en treballar en alguna cosa gran i innovadora. Cal estar tan convençut de la visió que, en compartir-la amb l'equip, aquests se sentin part d'una cosa significativa i transcendental. Un secret fonamental en les relacions humanes és que tots cerquem el reconeixement.

Aleshores, sorgeix la pregunta: Què és millor? Els deia, treballar com a comandament mitjà en una gran empresa multinacional o col·laborar sota el lideratge d'algú disposat a assolir les grans lligues? Tots responen amb entusiasme: 'És clar, volem arribar a les grans lligues'. Perquè, en última instància, és crucial aprendre a inspirar el nostre equip.

Quan es contracta personal, no només s'està adquirint mà d'obra, sinó també l'intel·lecte i l'emotivitat de cada individu. De fet, aquest últim constitueix el recurs de palanquejament més fascinant al qual es pot accedir, especialment quan s'enfoca a desenvolupar les capacitats i les potencialitats dels col·laboradors. És a l'esfera emocional del personal on es desencadenen resultats veritablement fantàstics.

Per construir un equip extraordinari, és essencial aprendre a treballar amb les capacitats individuals i abans d'això perfeccionar i clarificar la visió. És crucial que cada membre de l'equip s'integri en un propòsit específic que transcendeixi les parts individuals, generant així un impacte molt més gran.

La visió que es projecta del negoci o de l'activitat en què un s'hi involucra ha de ser contagiosa. Els col·laboradors han de sentir-se extraordinàriament feliços i honrats per haver tingut el privilegi de conèixer-te i treballar amb tu, considerant-se un dels empresaris més destacats. Ningú no aspira a treballar amb aquells que ocupen els últims llocs, ja que aquells que ho fan estan simplement esperant l'oportunitat per traslladar-se a una altra empresa. Fins i tot el talent més destacat del mercat és atret quan l'atenció se centra a tenir una visió absolutament clara.

Una recomanació d'exercici en aquest sentit seria consultar les biografies de professionals destacats en el mateix camp. Per exemple, si ets metge, explorar les biografies de renombrats metges; si ets enginyer, submergir-te en les experiències d'enginyers destacats; i si ets advocat, conèixer més sobre els líders a l'àmbit legal. En totes les professions, hi ha una 'gran lliga' o una 'Champions' en la qual competir. Cada camp té competències i competidors destacats, i és fonamental explorar qui són aquests líders destacats a la teva lliga per obtenir inspiració i orientació.

És essencial identificar qui està actualment a la cúspide en el teu camp professional i comprendre les raons darrere de la seva rellevància. Investiga els seus èxits, decisions encertades i desencerts, així com el seu procés de formació. En l'àmbit del comerç, per exemple, conèixer figures destacades com Sam Walton de Walmart pot proporcionar una font d'inspiració valuosa.

Si ja has estudiat un camp i descobreixes que no és la teva millor opció, no dubtis a cercar altres alternatives i possibilitats. Les biografies ofereixen una font d'informació excel·lent per afinar la teva visió en proporcionar una comprensió més profunda del camí seguit per aquells que han arribat al cim a la teva àrea d'interès.

La frase, **"A HOMBRES DE GEGANTS"** , és realment poderosa. Atribuïda a Isaac Newton, encapsula el reconeixement a les ments més brillants que han precedit al teu camp. Aquesta expressió simbolitza la idea que el nostre coneixement i èxits es construeixen sobre les contribucions i els fonaments sòlids establerts per aquells que ens van precedir. En reconèixer la grandesa dels que van venir abans, es destaca la importància d'aprendre de les experiències i els èxits d'aquells que van aplanar el camí, permetent així que el coneixement i el progrés continuïn creixent. És un recordatori del deute intel·lectual i el respecte pels qui han deixat un llegat en la disciplina que perseguim.

Estudiar el treball de les grans ments en un camp específic és crucial per comprendre les seves contribucions, identificar on es troba actualment la frontera del coneixement i determinar com fer el salt cuàntic següent. Analitzar els seus èxits proporciona llums sobre les innovacions i descobriments que van dur a terme. En entendre l'evolució del coneixement en aquest camp, es poden identificar oportunitats per contribuir de manera significativa.

L'objectiu és transcendir els límits existents i avançar cap a fronteres noves. Aquest enfocament no només implica absorbir el coneixement actual, sinó també qüestionar-lo, explorar àrees no explorades i cercar connexions inesperades. En fer-ho, es pot forjar una visió única i profunda al camp preferit, marcant un camí cap endavant que no només es basa en allò conegut, sinó que també busca la innovació i el progrés. Aquest procés d'estudi i reflexió és essencial per als que aspiren a contribuir de manera significativa i creativa en els camps respectius.

Efectivament, com a exemple: el nen que aspira a ser futbolista és molt pertinent. Al camp del futbol, les biografies dels millors jugadors ofereixen una rica font d'aprenentatge. En estudiar les experiències dels 10 millors futbolistes, el jove pot obtenir valuoses lliçons sobre disciplina, dedicació i els desafiaments que van enfrontar a les seves primeres carreres.

Aquestes biografies no només proporcionen informació sobre les tàctiques i les habilitats tècniques que van desenvolupar, sinó també sobre la mentalitat i l'enfocament que van adoptar des d'una edat primerenca. Els joves poden aprendre sobre la importància del treball dur, la superació d'obstacles i la perseverança en la cerca de les metes.

En resum, l'estudi de les biografies dels grans futbolistes no només inspira, sinó que també ofereix una orientació pràctica per al desenvolupament d'habilitats i la construcció d'una mentalitat guanyadora des d'una edat primerenca. Aquest coneixement compartit pot ser una font valuosa de motivació i de guia per als aspirants a futbolistes.

Desenvolupar la visió empresarial és un procés fonamental per a lèxit a llarg termini. El benchmarking és, sens dubte, una eina valuosa en aquest context. Hi ha dos tipus específics de benchmarking que poden contribuir significativament a la formació de la visió: Benchmarking Competitiu i Benchmarking Genèric.

El Benchmarking Competitiu: Implica estudiar i analitzar les pràctiques i resultats d'empreses competidores directes al mateix sector o indústria. Permet identificar les fortaleses i les debilitats dels competidors, entendre les tendències del mercat i descobrir oportunitats de millora. Aquest enfocament ajuda l'empresa a posicionar-se estratègicament ia diferenciar-se de la competència.

El Benchmarking Genèric: Se centra a comparar processos i pràctiques internes amb empreses d'altres indústries que exhibeixin les millors pràctiques en àrees específiques. Facilita la identificació d'àrees de millora interna i promou l'eficiència i la innovació. En adoptar les millors pràctiques, l'empresa pot alinear els processos amb els objectius estratègics, contribuint així a la visió a llarg termini.

Tots dos enfocaments de benchmarking són valuosos per al desenvolupament de la visió empresarial. En aprendre de la competència i avaluar internament les pràctiques més efectives, una empresa pot ajustar el seu enfocament estratègic i operatiu per aconseguir una visió més clara i alineada amb els seus objectius a llarg termini.

En el cas d'un metge cirurgià prestigiós, per exemple, es tracta de buscar el millor al camp i comparar tots els resultats. La diferència denfocaments pot conduir a millores mútues. En analitzar els seus estudis, processos i procediments, així com els desafiaments que ha enfrontat, s'obté un full de ruta que indica quins aspectes es poden millorar per assolir altes quoes d'excel·lència. El metge es pot comparar amb el Boeing company, Google, Amazon o Apple. Fer el bench amb una gran companyia pot catapultar el negoci o professió a nous nivells.

Quin és el llegat pel qual voldria ser recordat? Aquesta pregunta, plantejada en un context de seminari, contribueix a fer que la visió adquireixi l'empremta de la transcendència.

Si et trobes en algun tipus de negoci o indústria, el procés és exactament el mateix: la comparació, la definició de cap a on vols arribar i el començament del refinament de la idea. És crucial establir i descriure la visió amb absoluta claredat. Alhora, és fonamental tenir la capacitat de persuadir l'equip i les persones al teu voltant, aquells que creuen en tu i t'observen diàriament, que ets el líder ideal per portar-los del punt A al punt B en un període de temps determinat. Aquest lapse de temps determinat es converteix en la finestra en què la companyia, l'empresa o la professió poden assolir una cosa realment gran, una mica de veritable importància.

He tingut l'oportunitat de treballar tant amb professionals com amb persones que no ho són. Des de la meva experiència, puc afirmar que quan un líder té una claredat absoluta sobre la direcció que està prenent, el personal que l'envolta comença a treballar de manera molt interessant, generant resultats excel·lents. Aquest fenomen és sorprenent, ja que permet dur a terme tot el procés de transformació d'un individu per assolir el màxim potencial. Facilita el creixement personal, l'expansió i el desenvolupament continu, tot fomentant que cada persona es torni més gran en termes d'autoestima i autoimatge. Això es tradueix en un equip que es preocupa de capacitar-se constantment, que aporta idees per simplificar les tasques i que impulsa l'eficiència de manera sorprenent. Tots es converteixen en part integral de la visió, fet que contribueix a un ambient de treball proactiu i col·laboratiu.

Recorda que tothom vol figurar al costat del guanyador; ningú aspira a formar part de l'última empresa a la llista, sinó de la primera o aquella que aspira a ser-ho. En el fons, tots els éssers humans volen ser part d'una cosa grandiosa. De vegades, ja ens trobem dins d'una empresa de renom, però en altres ocasions, ens toca ingressar i treballar amb dedicació, contribuint perquè la visió de l'empresa amb què col·laborem arribi a la grandesa. Es tracta d'esforçar-se amb afany i contagiar el personal al nostre voltant perquè també contribueixi al creixement i grandesa de l'empresa.

Amb aquestes idees, podràs entreveure la direcció cap a la qual portar la companyia o la professió. Quin és el següent pas? Pot ser una expansió al mercat, una innovació més gran ce productes, la recerca de nous i millors proveïdors, o fins i tot l'exploració d'una nova línia de negoci. La clau és avaluar amb cura les oportunitats i desafiaments que es presenten, i prendre decisions estratègiques que estiguin alineades amb la visió i els objectius de creixement que t'has proposat. Aquest procés implica una anàlisi exhaustiva i una planificació detallada per garantir lèxit en lexecució de la propera fase de desenvolupament.

Finalment Quina és la teva visió? Quin és el llegat?

Metes

Les metes es perfeccionen amb lexperiència i el temps. A mesura que aprerem a establir metes elevades, el nostre ésser i tot el nostre potencial interior comencen a treballar en harmonia amb aquestes aspiracions. Quan les metes són baixes i insignificants, no tenim l'energia i l'ímpetu necessaris per dur-les a terme.

En general, busquem que les nostres metes siguin realistes; tot i això, aquest llibre suggereix una cosa diferent: que les metes han de ser completament irreals, gairebé impossibles. Com diu l'adagi popular, cal apuntar a la lluna per assolir la muntanya. La veritat és que només quan ens enfoquem a aconseguir allò que sembla inabastable i ho perseguim amb determinació, som capaços d'assolir-ho. En dirigir-nos cap a allò difícil, allò que sembla realista es torna fàcil d'aconseguir. Quan ens proposem metes que semblen impossibles per a la majoria, i tot i així les aconseguim, experimentem una cosa meravellosa: comencem a créixer com a éssers humans.

Les metes han de tenir un caràcter irreal i han dajustar-se contínuament. Quan aconseguim una meta, és crucial establir la següent. A l'exemple que hem explorat al llarg del llibre, la primera meta podria haver estat de $1000 USD, $2000 USD o $3000 USD, però finalment es va fixar en $10,000 USD. Quan ens acostem a aquesta xifra, la meta irreal es va elevar immediatament a $100,000 USD. Sorprenentment, les idees que van sorgir per dur a terme aquestes activitats es van centrar a assolir la venda de $100,000 USD diaris. Fins i tot vaig arribar a concebre com aconseguir $32,000 USD en un dia.

Això implica que si les nostres metes a la vida són modestes, les idees generades per la nostra ment, pel cervell humà, també seran limitades, destinades a coses petites. No té sentit que la ment generi la idea de vendre $100,000 USD diaris quan la meta real és de $1000 USD. En termes de temps, tots comptem amb les mateixes vint-i-quatre hores diàries, destinant la majoria a descansar vuit hores i disposant de setze per a les nostres activitats diàries.

La diferència en els resultats entre les persones rau en el nivell de les metes que sestableixen. Per això, és essencial aprendre a fixar metes completament irreals des del principi, malgrat la noció comuna que les metes han de ser realistes. Només en superar metes que semblen inabastables, hom adquireix l'autoritat per dir: 'Si jo vaig poder, tu també pots'. És crucial entendre que aconseguir una meta irreal fa temps. Aquest aspecte del temps és el que he compartit al llarg d'aquest text, i si hagués pres tres vegades més temps, tot i així hauria valgut la pena.

Activitats a executar

Les activitats que cal executar són idees que poden sorgir en el dia a dia. Les idees inicials que puguis tenir per assolir les teves fites aniran evolucionant i millorant amb el temps. Durant el procés d'ideació inicial, és possible que en tan sols vuit dies, i fins i tot en menys temps, a mitjans de mes o en dos mesos, les activitats necessàries per complir els vostres objectius experimentin modificacions o completin certs aspectes. A mesura que avances, generar noves idees en el conjunt d'activitats a desenvolupar, i cada una es va complint. Si formeu equips per executar-les, podeu consolidar el talent humà sense necessitat de la vostra presència constant. Quan formen grups orientats a objectius específics, cada equip respon per un objectiu establert. Les estratègies i idees van sorgint per a la seva execució, i conforme les poses en pràctica, perfecciones les noves idees.

Un dels secrets que vaig descobrir i comprendre va ser el poder de la pregària a Déu. Al principi, les idees que sorgien no permetien un creixement suficient, però amb el temps, les idees magnífiques van començar a arribar, principalment durant les nits, molt tard. Aquestes idees van ser les que van provocar el gran canvi. Inicialment, m'hauria desgastat intentant trobar totes les idees que finalment vaig executar. Per experiència pròpia, sé que aquestes idees hi arribaran. L'única cosa crucial, el que va marcar la gran diferència en el procés, va ser tenir una claredat absoluta sobre la meva direcció i el que havia de fer. El somni o la visió era establir una companyia amb presència a nivell nacional. No obstant això, la primera meta que em vaig proposar va ser vendre $10,000 USD diaris, una meta ambiciosa. Sabia que si aconseguia vendre aquesta quantitat en un poble de menys de vint mil habitants, estava destinat a grans coses. Col·loca metes grans a la teva ment. Quan les arribes, et preguntes per què no et vas proposar res encara més gran, i en això rau l'essència.

Imagina per un moment que totes les grans idees t'arribaran d'una, el difícil i aclaparador que seria que totes arribin alhora, els recursos i la capacitat d'executar-la seria molt aclaparadora, que fins i tot pugui generar una deserció de la intencionalitat. Per això, les idees en la mesura que es van executant i perfeccionant amb el temps, van arribant en la mesura gradual del que vas necessitant, aquesta mesura de perfecció no sé com és exactament, però vaig veure que funciona. Al dia un no van arribar totes les idees ni al vint, durant tot el període van anar arribant els millors aprenentatges que van funcionar.

Així que les idees vindran, fluiran, i és crucial una execució adequada de cadascuna. No n'hi ha prou amb simplement dir a l'equip de treball què fer; cal liderar amb l'exemple, inspirar i mostrar que la idea funciona. De vegades, encara que hom expliqui la idea a l'equip, potser no la comprenguin completament. Per tant, és vital fer-ne un seguiment constant: Com va? Què opinen de la idea? L'estan executant? Quins desafiaments han sorgit? Davant aquests problemes emergents, és essencial aportar solucions immediatament. Tot ha de fluir i consolidar gradualment per aconseguir aquestes grans idees que realment estàs buscant.

Ara, pren-te el temps. Moltes vegades subestimem la feina que es pot fer en 20 mesos i sobreestimem el que es pot aconseguir en una setmana o un mes. En parlar de metes elevades, és comú que es malinterpreti, pensant que es poden assolir en poc temps. Vull ser molt clar: les metes ambicioses requereixen un temps considerable per desenvolupar-se. Per establir metes altes, heu de generar un conjunt d'idees diverses que permetran una acció multifacètica. Aquest procés implica atacar tots els fronts i avaluar quina és la millor idea. És crucial tamisar i determinar qui al teu equip pot executar-la de manera més efectiva. Aquest discerniment és clau per dur a terme i fer aquestes metes ambicioses.

Seguiment

Segurament, podeu escriure el model VIMAS complet. Quan ho tinguis finalitzat, et diràs a tu mateix: 'Ho vaig aconseguir!' i experimentaràs una sensació de satisfacció. Sentiràs alegria en tenir un mapa mental clar, breu, comprensible i manejable. Les idees flueixen. Fins ara, tot això podria haver estat un exercici acadèmic, i podries haver obtingut una qualificació perfecta en un full de càlcul de la teva primera planificació de tres mesos. Fins i tot podries haver estès la planificació a un any complet, encara que no ho recomano. Cal donar temps a la teva ment, al teu equip de treball ia la teva connexió amb Déu perquè puguis generar les millors idees. El seguiment que donis a les idees que ja has tingut és crucial per retroalimentar diàriament. Et vas proposar vendre $10,000 USD en un dia, i què va passar avui? Vas vendre $400. Bé, seguim endavant amb la següent idea i estratègia, sense desmoralitzar-se i evitant pensaments negatius. La retroalimentació constant és essencial per a l'èxit continu.

Els pensaments negatius són perjudicials i tendeixen a aparèixer al moment menys esperat. És trist, però és la realitat: els pensaments negatius poden convertir les grans idees en prestatges enormes que ni tan sols podem veure, i queden relegades als cementiris de les idees d'homes que amb la possibilitat d'haver estat grans en diversos camps. Molts no van tenir accés a una metodologia com la que el lector està explorant en aquest moment, una metodologia que els brindi la certesa i seguretat que, si s'enfoquen i determinen, podran assolir l'èxit.

Així que, en aquest moment, la clau és determinar i fer un seguiment precís del que va passar cada dia i setmana. Qui s'està enfortint amb la idea? Qui a l'equip està compromès amb la idea? Com puc millorar la idea que ja està en pràctica? La idea quatre genera els resultats esperats, o fins i tot superant les expectatives? Ara com aprofitar aquest nou coneixement per perfeccionar les altres idees? També és essencial identificar els recursos necessaris per a cada idea, ja que cadascuna representa una activitat que cal executar. Sovint, un pot tenir una gran idea però no executar-la, i és aquí on es perd l'oportunitat. La clau de l'èxit en aquesta feina, si em preguntes quina és la cosa més important, és el seguiment diari. Cada matí, pren-te un moment per revisar la teva visió, metes, activitats a executar i els resultats obtinguts. No es tracta només de fer-ho, sinó assegurar-se que els resultats obtinguts estiguin alineats amb les expectatives. Si aconsegueixes això, estàs en el camí correcte cap a lèxit que busques.

A més, aprèn a delegar. Involucra el teu equip en tot el procés, permetent comprendre i sumar-se al seguiment. Ensenya la metodologia perquè puguin fer el seu propi seguiment i aprenguin a fer-ho entre ells. Pregunta al teu equip: 'Com va amb l'estratègia número u?' o 'Com t'ha anat amb l'estratègia número dos?' Explora les experiències i els desafiaments. Fomenta que es retroalimentin entre ells, generant un diccionari d'objeccions per manejar les diferents raons per les quals els clients poden rebutjar un producte. Aquest diccionari és la bitàcola, el coneixement organitzacional i la saviesa que acumula e teu equip per enfrontar diverses estratègies. Invertir en la formació constant del teu equip per millorar les estratègies crea un equip consolidat, llest i disposat per abordar les metes i estratègies futures.

Cal ressaltar, finalment, i posar-ho en negreta perquè això és el més important: e **SEGUIMENT** . Si no hi ha seguiment, tot queda en res més que un exercici acadèmic, una feina en què vas invertir temps, un dia, una hora; vas crear alguna cosa bonica en un full de paper en blanc, però si no li fas seguiment cada dia, si no hi penses diàriament i si no pregues a Déu agraint i amb fe, demanant-li que t'ajudi, et beneeixi, t'il·lumini, et doni la saviesa i la intel·ligència per dur a terme aquestes idees, simplement el resultat pot ser diferent.

Supera els Obstacles i Desafiaments

Per regla general, quan l'ésser humà es proposa grans reptes i metes sempre s'enfrontarà a obstacles. La millor manera d'abordar aquests obstacles és entendre que estaran presents per a tothom, sempre hi haurà desafiaments. Els obstacles es poden comparar amb una sèrie de graons en ascens. Cada obstacle superat, cada desafiament resolt, no només et permet avançar, sinó que també contribueix al creixement de l'autoestima, l'autoimatge i la credibilitat amb tu mateix. D'aquesta manera cada superació t'impulsa a continuar creixent.

Henry Ford: Va enfrontar desafiaments tecnològics i financers en introduir la producció en massa d'automòbils; Steve Jobs: Va superar l'adversitat i els fracassos inicials per transformar Apple en una de les principals empreses tecnològiques del món; Elon Musk: Ha enfrontat nombrosos desafiaments en liderar empreses com Tesla i SpaceX, des de problemes de producció fins a desafiaments tecnològics en l'exploració espacial; Jeff Bezos: Va crear Amazon des de zero, superant desafiaments financers i operatius per convertir-lo en el gegant del comerç electrònic que és avui; Walt Disney: Va enfrontar nombrosos fracassos i dificultats financeres abans d'establir l'imperi d'entreteniment que porta el nom.

Definir els obstacles és reconèixer que tots, en algun moment de les nostres vides, ens enfrontarem a reptes constants. La clau rau a superar-los a la nostra ruta. És com un tren d'alta velocitat que es troba amb pedres al seu camí; si la força i la potència del carbó que alimenta la seva xemeneia són suficients, l'obstacle simplement serà superat. Quan el somni i la visió de la teva empresa són clars, els obstacles tècnicament no existeixen. Més aviat, són oportunitats de millora i creixement, mestres de la destinació que ens ensenyen noves habilitats i destreses que necessitem desenvolupar. Mirar els obstacles de manera positiva ens permet veure'ls com a aliats en el nostre creixement. Mai no hem de veure un obstacle com la fi del camí; més aviat, hi són per impulsar-nos a créixer. Ningú no pot eximir-se dels obstacles ni dels desafiaments. Per això, és fonamental desenvolupar intel·ligència emocional per sobreviure-hi.

Al món empresarial, es presentaran obstacles financers, de vendes, de producció, legals, i molts més. La llista d'obstacles possibles és interminable, però en veure'ls com a oportunitats de creixement per a nosaltres i el nostre equip, cada desafiament es converteix en una oportunitat perquè el coneixement organitzacional creixi i obrin les portes a grans resultats. Així que, si el teu propòsit a la vida és créixer, benvingut al fascinant món de vèncer els obstacles!

Si observes l'escenari de les empreses més grans del món o fins i tot els professionals que han assolit els cims més alts als seus camps, t'adonaràs que l'única diferència entre els uns i els altres és la quantitat d'obstacles que han enfrontat. Els obstacles són les carreres destinades a polir el teu caràcter i perfeccionar les teves habilitats, així com les habilitats i el caràcter del teu equip.

Cultiva Hàbits Positius i Productius

En aquesta metodologia, l'hàbit diari de pregar, l'hàbit diari de revisar els plans i la visió que tenim, i l'hàbit diari de repetir la missió o la meta que he de complir. Aquesta meta es converteix en una obsessió, pensant-hi cada dia, mantenint la ment i l'equip concentrats en com aconseguir i superar. Res no serveix si no ens plantegem una meta i no hi tornem a pensar fins passats 6 mesos. Amb aquesta metodologia, la idea és revisar la meta diàriament per acostar-s'hi cada cop més, recordant que els somnis i la visió empresarial s'aconsegueixen aprofundint en les metes diàries.

En aquesta metodologia, es generen quatre microcicles per any, fet que porta setze microcicles en quatre anys. Aquesta abundància de plans i activitats executades pot permetre assolir grans resultats mitjançant un treball continu, persistent i sense desistir. Tot i que les activitats a executar poden canviar amb el temps, les metes s'han de mantenir constants. La meta ha de tenir una data exacta per aconseguir-se, i obsessionar-s'hi, pensar-hi constantment, fins i tot en el moment de dormir, pot generar idees espectaculars per assolir.

En el procés, és fonamental canviar la meta una vegada aconseguida per evitar la complaença i continuar avançant. La metodologia es basa en avançar d'un punt A a un punt B, omplint i contagiant-se d'hàbits positius, com ara el seguiment diari del teu progrés. Quadrar i revisar diàriament el teu full de metes i visió et proporcionarà un esquema mental que t'agrada, recordant-te cap on vols arribar. La fe en tu mateix i la confiança en Déu són clau per mantenir l' energia i la creença que allò que estàs plantejant ho aconseguiràs. La metodologia cerca establir-se en hàbits positius que et permetin construir i edificar allò que et proposes.

Relacions i Xarxes de Suport

És supremament important construir relacions i xarxes de suport al llarg de la teva trajectòria. Pel camí, t'adonaràs que els contactes són fonamentals per arribar a clients, proveïdors i noves oportunitats. Les persones que coneixes es poden convertir en impulsors i promotors dels teus negocis. Aprendre a connectar-te de manera positiva amb ells, causar una bona impressió, és crucial perquè es converteixin en veritables xarxes de suport que t'ajudin a consolidar el teu negoci i el teu projecte.

Contribueixen amb el coneixement i l'experiència. Per exemple, si teniu l'oportunitat de parlar amb un empresari exitós i us presenteu el vostre projecte, en poques paraules podeu proporcionar l'orientació que necessiteu. De vegades, tot allò que requerim és una paraula d'alè o saviesa per superar obstacles i créixer més ràpid. Vivim en un món interconnectat, on la intel·ligència infinita es desenvolupa diàriament. La col·laboració amb ments brillants generen canvis increïbles al món.

És essencial aprendre a contactar amb els millors al teu camp i en altres. Explorar noves maneres de pensar i buscar inspiració en diferents àrees pot impulsar el creixement de la teva empresa o organització. La Bíblia, per exemple, és un llibre meravellós que conté saviesa incommensurable i transcendeix totes les èpoques i desafiaments. Connectar aquesta saviesa amb els reptes i obstacles de la teva empresa pot proporcionar una guia valuosa a totes les etapes i esferes de la teva organització.

Celebra i Aprèn

És crucial recordar la importància de celebrar els èxits, sense importar com de petits siguin. No oblidis celebrar cada èxit, felicita el teu equip i converteix-te en el seu promotor més gran. També recorda felicitar-te a tu mateix, especialment perquè enfrontaràs desafiaments en apuntar-te a metes grans, com es proposa en aquest llibre. El procés d'assolir metes ambicioses implica hores de reflexió sobre com es poden superar obstacles i la consulta amb professionals de diversos camps. A cada èxit, dóna't l'espai per premiar i reconèixer el teu esforç. En el cas d'escriure un llibre, cada pàgina avançada és una victòria, així que felicita't constantment.

Conrea la teva actitud mental i enforteix la teva autoestima. No permetis que res t'enderroqui. Aprèn a acumular aprenentatge de cada fracàs. La vida t'està posant a prova i cada obstacle és una oportunitat de creixement personal i humà. Observa com moltes personalitats i empreses han sorgit en moments de gran pressió. Per exemple, Gabriel García Márquez va concebre la idea de "Cent anys de solitud" en un viatge a Acapulco i es va tancar durant 6 mesos per escriure'l.

Fent-te preguntes clau, com què pots fer i per què ets bo, pots descobrir el teu veritable potencial i enfocar la teva energia cap al desenvolupament. Grans exemples, com Jeff Bezos i Elon Musk, demostren que construir sobre les bases de les relacions humanes, contactes i amistats és fonamental per assolir l' èxit empresarial. La construcció i edificació sobre aquestes bases són elements clau que han portat aquests empresaris a la cúspide.

Tercera part Altres Mapes

En aquesta secció del llibre, es presenta una breu introducció anecdòtica que busca il·lustrar com l'aplicació dels principis d'èxit, prèviament explorats en rols empresarials a la primera part de l'obra, també pot generar resultats excel·lents en contextos completament diferents.

La manera com es van desenvolupar els esdeveniments podria considerar-se una altra manera de descobrir o construir el mapa. Aquest relat es va desenvolupar gràcies a la lectura de "La màgia del poder psicotròpic" de Robert Stone.

El llibre destaca tres elements crucials per aconseguir alguna cosa a la vida. Primer, cal compromís, especialment amb tu mateix, respecte al que realment desitges aconseguir. Després, suggereix comprometre's amb algú més, de manera que compartir les teves fites et generi una vergonya significativa si no les aconsegueixes. A més, subratlla la importància de repetir constantment el desig o la meta que cerques. Finalment, assenyala que és essencial posar la feina necessària per fer-ho realitat. Amb aquest context en ment, estic llest per compartir com aquesta filosofia va contribuir a una gesta esportiva interessant a la meva vida.

Esport

L'any 1997, nouvingut al municipi de Quimbaya al departament del Quindío, tenia 18 anys i havia estat subcampió nacional i internacional en lluita olímpica dos anys abans. En aquell moment, el meu desig més gran era continuar la meva trajectòria en l'esport.

El canvi de ciutat va ser degut a qüestions laborals del meu pare. Experimentem la primera fallida econòmica a la família, el licor i la gestió descuidada dels negocis en mans d'empleats sense supervisió ens van portar al punt d'haver de dormir a la camioneta, amb la nostra llar econòmicament destruïda. Va ser un període desafiador per a tots nosaltres.

Davant la crisi familiar, els meus pares van optar per mudar-se a aquest municipi, motivats per la presència d'una neboda de la meva mare com a únic vincle amb el canvi de municipi. Quan vaig conèixer aquesta decisió, estava decidit a no quedar-me en un lloc on no pogués entrenar el meu esport. Tenia al cap tornar a Pasto i continuar amb els meus entrenaments en cas de no poder fer-ho al nou departament.

A aquesta edat hom creu que les coses es fan de la mateixa manera com estàs acostumat. Quan arribeu, em comuniqueu amb l'ens departamental de l'esport, per saber el lloc i els horaris d'entrenaments.

La primera realitat que necessitava acceptar era que el lloc d'entrenament estava a una hora en transport intermunicipal, i bé qui podria costejar aquestes despeses?, si estàvem recuperant-se de la fallida.

Vaig anar una vegada amb bicicleta, creient que podria continuar entrenant d'aquesta manera, però passades les dues hores en el trajecte de només anada, comprenia que la inversió de les quatre hores de les quals dues havien de ser a la nit, havia quedat descartat en el meu pla recent. Els entrenaments eren tres dies a la setmana: dilluns, dimecres i divendres de 6:00 a 8:00 pm, solia entrenar a l'anterior gimnàs de 4:00 a 9:00 pm passades, era un altre canvi complex.

D'esportista a entrenador

No recordo com, el president de la Lliga esportiva Don Ibert Naranjo i l'entrenador departamental Jorge Barón decideixen que s'inicïï un procés esportiu al municipi, i en els seus plans estava el de nomenar-me com a entrenador, va ser el primer treball que vaig obtenir diferent dels negocis de la família.

Ja amb el nou càrrec, em vaig disposar a fer el que se suposa que ha de fer un entrenador, formar els clubs esportius per conformar la lliga esportiva, la màquina d escriure vermella Olivetti, va començar a funcionar, teclejant amb les dues mans amb el dit mitjà. -Havia rebut classes de mecanografia a l'escola, però la indisciplina no va ser gaire el que em va permetre aprendre, l'única cosa és que acabi formant tres clubs esportius,- i als coneguts majors de 18 anys, els vaig convèncer perquè fessin part dels clubs , vaig necessitar 15 persones per club, i no sé com però ho aconsegueixi, i es van formar els clubs, mecanografiats per mi.

Promocionant l'esport

Ja amb el càrrec a la ment, seguia la promoció, me'n vaig anar saló per saló de cada col·legi del municipi, promocionant l'esport, aquí començava a donar-me a conèixer al municipi, i d'aquesta manera i amb sis làmines o matalassos tous, es va iniciar les activitats de l'esport a Quimbaya. A la convocatòria van arribar com a 45 entusiastes per aprendre.

En veure aquests resultats de convocatòria, el president de la lliga, va gestionar vint-i-un mòduls de dos metres per un, en un material de cassata adequat per a les caigudes, i em van facilitar una lona groga, l'alcaldia municipal ja m'havia donat un espai, i ia tot estava llest per iniciar.

Amb molt d'entusiasme a les tres de la tarda vam iniciar els entrenaments que es perllongava per tres hores. Molt contents els nens, que tenien de diverses edats, els més petits eren els germans Mosquera, que estaven a les edats dels 5, 7 i 9 anys. El potencial era evident. Tenia uns de la meva edat al voltant dels 17 anys, i aquí les classes es començaven a fer. Ara et podràs preguntar què ensenyava?

Esports de combat

A la meva formació com a esportista, vam estar al voltant de quatre anys entrenant com a lluitador, abans de la meva primera competència. Però l'inici esportiu va estar primer amb futbol com als 7 anys, al cap de pocs dies de tenir els guaios vaig abandonar.

Un client que freqüentava el restaurant (negoci familiar), que era boxejador, un bru d'1,90 aproximadament anomenat el 'Palomo', el sobrenom del qual era en honor al futbolista "Palomo Usurriaga", decideix convidar-me a les classes de boxa al coliseu Sergio Antonio Ruano.

Content en el meu nou esport, el practicava amb molta dedicació als 10 anys, recordo a les classes d'educació física del col·legi, que el professor no sé perquè raó , em posava fer l'escalfament a la seva classe, i recordo posar els meus companys a llançar el ja i el hopper mentre corríem.

A punt per al Quadrilàter

Portava un parell de mesos entrenant amb dedicació, i entre ombres i colpejar el sac de boxa, se'm va acudir fer la pregunta: Profe, quan lluitaré en un Ring? Ja sabia posar-me les benes i respirar amb el protector bucal ja no era cap problema, ja volia saber la data del meu debut.

El professor m'escolta, em veu, i amb les mans empunyades a la cintura, s'inclina prenent aire, i deixa anar una riallada, crec recordar-ho fins i tot amb llàgrima de tant riure, va ser tanta la gràcia que li va donar que no recordo cap paraula que em hagi dit, només el moment graciós que m'imagino va viure.

Penjant els guants

A l'altre dia no vaig voler tornar i no vaig tornar a entrenar boxa, vaig decidir sortir-me pràcticament "humiliat", no recordo haver parlat amb ningú de la meva decisió, simplement la prengui, m'aparti i no he explicat aquesta història fins ara.

El profe va ser un molt bon entrenador, va treure diversos campions nacionals, i va formar un dels grans boxejadors de l'època a Nariño Newton Villarreal. Amb una mica més de tacte de part del profe per a mi de 10 anys, hauria estat una altra història la que s'escrivia aquí, si és que s'escrivia.

Primer baralla de Boxa

Amb Newton Villareal estudiàvem al mateix col·legi, al col·legi Roosevelt, i per la fama que ja anava tenint, sabia portar al col·legi guants de boxa i capçals. Havien passat tres anys del meu retir definitiu del pugilisme, però la boxa em perseguia.

En graus superiors, hi havia un estudiant anomenat l'ànec, era d'aquells nois baixets, que tots el respectaven perquè havia adquirit una habilitat a la baralla de carrer, i era de lluita olímpica.

Cert dia l'Ànec amb els guants posats a l'escola, mentre Newton promovia un contenidor, jo veia que ningú se li entrava a l'arena. Amb una considerable diferència d'edat, era jo, decidit a ingressar amb dos mesos de classes, "alguna cosa" sabia, decideixo ingressar a provar un combat real.

El combat no va durar gaire, i si no és perquè Newton per a la baralla hagués acabat en knockout, amb aquest servidor al pis. Recordo que vaig rebre una ràfega de cops de ja a la meva cara, i l'únic que vaig fer en lloc de defensar-me era enganxar amb la mateixa intensitat en cops creuats, a la mateixa velocitat, tots dos copejant-nos alhora amb frenesí.

He d'abonar que l'Ànec va ser el just guanyador en aquesta contesa boxística a l'escola. Després de saber que era de lluita, decideixo convèncer els meus amics de la quadra on vivia, al costat dels meus dos germans, i dir-los que m'acompanyin a conèixer allò de lluita, que era un gimnàs diagonal a boxa, coneixia perfectament el camí.

Arribant a Lluita

Vam arribar al gimnàs, i per a sorpresa dels 7 que anàvem al gimnàs ens va atendre un jove dos anys més gran, que molt amablement ens va convidar a seguir el gimnàs de lluita, i ens va entrenar per primera vegada. L'entrenador amic un dels grans de Nariño, Jhon Jairo Barbosa que ens va atendre feia dos anys aproximadament entrenant.

Recordo que després dels exercicis, la gimnàstica i la tècnica ens va fer lluitar entre nosaltres, després va lluitar amb nosaltres. Aquest dia recordo que va ser un gran dia per a mi, els guanyi a tots els meus amics, i fins i tot a Barbosa, encara que escrivint aquestes línies és molt possible, i crec que així va ser, el meu nou amic, simplement es va deixar guanyar, perquè senti la suficient motivació per continuar entrenant.

Tres anys després vaig en camí al primer campionat nacional a Palmira Valle. Vaig decidir per experiència no tornar a preguntar millor, quan anava a un campionat nacional? ni sabia que existien, només entrenava i em divertia. Teníem entrenador cada cop que li pagaven, de resta del temps els més avançats ens feien el favor d'entrenar-nos, i així sense pla d'entrenament, fèiem el que creiem que calia fer per ser bons.

Pla d'entrenament

La manera com ens ensenyaven els veterans era, una hora de graderies, una hora de gimnàstica, una hora de tècnica, una hora de lluita i una hora de peses. En general això ho fèiem cada dia, i així era la preparació, ja per arribar a les peses, no hi havia gaire energia però alguna cosa es feia.

Això va ser el que vaig arribar a desenvolupar a ensenyar, no m'havia preparat per ser entrenador, ni sabia a qui preguntar-li, però el desig de seguir a l'esport va fer que començarà a ensenyar.

Com ser campió?

Ja al càrrec d'entrenador, entrenant un equip, els esportistes aprenent tot el que havia fet fins ara. Recordo que només volia anar a entrenar, però per això requeria ser entrenador, tot el que va tocar fer no estava programat al meu cap, només volia entrenar.

Arriba l'anunci del següent campionat, tres mesos per preparar-me, no tinc entrenador, no tinc sparring del meu mateix pes, no tinc algú que m'ensenyi, no tinc llibres, res a favor meu, només un entrenador a una hora i l'altre a hora i mitja. Estic sol, només tinc el record d'un llibre que vaig llegir fa temps, La Màgia del Poder Psicotrónico.

"Quan no tens res més a favor teu, l'únic que tens és l'únic que necessites".

Quan no tens res més a favor teu, l'únic que tens és l'únic que necessites. Al llibre vaig entendre tres coses importants: primer, definir què és el que vols; segon comprometre's a aconseguir-ho; tercer repetir constantment el que vols.

"Resolent el meu primer mapa"

El què? ja era clar, volia ser campió nacional. És clar i concís com ha de ser, determinar Què és el que vols?

Compromís, el llibre era molt clar que el compromís, devia ser amb mi mateix, i amb una persona respectable o admirable. La primera persona a qui vaig prometre ser campió nacional, va ser a mi tia Ofèlia. Ella és d'aquelles tietes que van estar sempre servicials i preocupades perquè un tiri endavant, ens va allargar la mà quan les coses econòmicament estaven malament. No tenia com pagar-li tot el que havia fet per nosaltres, llavors plorant i en agraïment acomiadant-me per a la nova llar li ho vaig prometre. Vaig sentir una força molt gran amb aquest compromís, llavors no sabia on arribaria i amb què em trobaria.

A la nova llar, no coneixia amb qui exactament fer aquest compromís, llavors vaig decidir fer-ho també amb l'alcaldessa municipal i amb els esportistes a qui entrenava.

Quan vaig anar a comprometre'm amb l'alcaldessa, que al campionat següent quedaria campió nacional, vaig sentir el que l'autor necessitava que senti qui segueix les seves línies. El compromís que havia adquirit va ser tan fort per a mi, que els obstacles de no tenir entrenador, sparring i un lloc adequat per entrenar, no van existir, ni vaig pensar-hi, sinó ja després d'haver aconseguit que reflexioni sobre l'assumpte, i fins i tot dècades després.

Per "bocó", crec haver arribat a pensar o potser ho pensi ara, ja el compromís estava fet, i no em podia fer enrere, tota la meva reputació estava en joc, i tot depenia exclusivament de mi. Sense el coneixement, ni l'experiència suficient em vaig llançar a fer tot allò que estava al meu abast.

Tot allò que recordava de com m'havia d'entrenar ho vaig fer. Una cosa que feia per tenir força, era un joc que es deia, tots contra l'entrenador, i tots els esportistes venien contra mi a enderrocar-me, i jo a no deixar-me, això es va convertir en rutina clau de la preparació, només tenia que fer al moment.

En el compromís Stone ressaltava, que havia de ser amb aquella persona, que si la tornes a veure a la teva vida, et faria una pena dir-li, quedi de segon o vaig perdre, havia de sentir aquesta vergonya de no aconseguir-ho.

El tercer que recordava de l'autor, era que hom ho havia de repetir diàriament i en tot moment. Havia pensat en diverses frases per repetir-ho en tot moment, aquestes eren: seré campió i guanyaré. Em vaig decidir per: **GUANYARÉ** . Es va convertir en el meu crit de guerra. Tot el dia en tot moment m'ho repetia, quan entrenava, em banyava, als àpats, abans de ficar-me al llit, en aixecar-me, en el bus d'anada a la competència, en tot moment.

Vaig repetir diversos centenars de milers de vegades, que no recordo quantes, a la competència quan arribaven vents de temor, em repetia la frase, a l'escalfament també ho feia, en tot moment, l'únic que em repetia era això.

Va arribar el dia de la competència, els nervis acompanyen el procés, però la frase de guanyaré els espantava. Ja el dia de la competència un entrenador experimentat va estar a cantonada, el profe Jorge Barón, qui va portar l'esport i el va fundar en diversos departaments, que va formar en vida una de les pedreres d'esportistes més reeixits de Colòmbia, i els seus pupils segueixen donant grans resultats, ara com a entrenadors.

Primer combat vaig contra Valle, Quindío contra Valle, un combat a cinc minuts. Un combat molt fort record, la sensació de por i nerviosisme que se sent a l'anomenat "Andrade pel Quindío, es prepara" per l'altparlant, **VAIG A GUANYAR** , havia de repetir-ho i funcionava, una frase em recordava tot el propòsit que perquè hi era.

Següent anomenat "pel departament del Quindío Andrade", el dia havia arribat, la preparació donava per objectiu aquell dia especial, aquesta competència, caminava cap al matalàs i em repetia GUANYAR , havia de fer-ho, ja havia desenvolupat l'hàbit de repetir-ho constantment.

Ingressant al matalàs **VAIG A GUANYAR** , mirant a l'àrbitre, al contrincant, escoltant la barra forta del Vaaaaaaalleeeeee, retrunyia a les meves orelles, però la veu més forta en mi era **VAIG A GUANYAR** . Ens saludem i en posició per iniciar el combat **GUANYARÉ** .

Sona el xiulet, el que tant anhelava havia començat, **VAIG A GUANYAR** , iniciant el combat, un contrincant molt fort, **VAIG A GUANYAR** , que poderosa frase, sense aquest mètode mental Valle hagués guanyat, no em queda cap dubte. Des de l'inici remuntador el marcador, va ser un combat molt semblant, finalitzant el temps guanyi per un punt, 5 a 4. El meu entrenador a la cantonada feliç, i el seu fill qui era l'entrenador departamental que participava com a jutge nacional, se m'acosta i em diu: "ja quedem de tercers". Érem 4 en competència, guanyi un combat, en els seus comptes en perdia dos més, quedava de tercer.

Quan escalfava em repetia la frase guanyaré, quan ingressava al matalàs em repetia la frase, durant el combat només vaig estar enfocat a guanyar, en els moments crucials de guanyar o perdre, sortia una força interna, no volia sentir la vergonya de dir a l'alcaldessa vaig perdre, em va donar les forces per no vèncer-me. De vegades un no perd una competència, es deixa vèncer, i aquesta frase guanyaré i aquest mètode no em deixava que em donés per vençut.

Següent combat, va Vall amb Bogotà, en gradería miri atònit el combat, el de Bogotà, li va donar una pallissa, a qui a mi m'havia costat tanta feina vèncer. Immediatament les pors que podia perdre quan em toqui amb Bogotà, van començar aparèixer. **GUANYARÉ** .

Quindío contra Bogotà, la frase me la repetia i m'allunyava del cicle de pensaments, en què havia vist la pallissa anterior. Hi havia una part de mi que creia perdut el combat, però la frase, molta frase, em va omplir de valor, vaig fer l'escalfament i vaig ingressar al matalàs.

Introduïu, i acabeu el combat tan ràpid que no aconseguia entendre per quina raó, el competidor de Valle va ser vençut tan estrepitosament.

Següent combat, al matalàs Antioquia contra Valle, el combat va ser similar a l'anterior, Antioquia el va guanyar molt fàcil a pallissa de nou a Valle. Un altre cop aquests pensaments arriben, el més dur de la categoria ha estat Antioquia. Una altra vegada la frase; **GUANYARÉ** , per posar la meva ment a to i passar a la final.

La Final Quindío vs Antioquia

El mateix procés, repetint constantment el que hi havia a la meva ment, repetint el meu desig constantment, la frase de **GUANYAR** em va servir molt en aquest torneig, va espantar la por natural que un sent, quan ingressa a la competència.

Ja al matalàs, apliqui una tècnica de llançament, i el meu oponent va quedar en planxa (tots dos omòplats al pis del matalàs), ja al pis i sense poder-se defensar, decideix mossegar una part del meu pectoral superior, proper a l'espatlla perquè ho deixi anar, amb més força ho pressioni, i guanyi el campionat.

A aquesta experiència esportiva, he de sumar un reconeixement a la família de lluitadors de Risaralda els tres germans Echeverri, ia Jorge Baron pare i fill, que van fer després de bambolines el seu millor suport a aquest procés.

Anys després em vaig trobar amb un amic de la selecció Valle, que em va explicar, que després de perdre el combat amb mi, es desmoralitzo i ell s'havia programat per guanyar, en veure que ja no podia, no li interessava el podi, va sortir a competir per complir amb el deure de no abandonar físicament, perquè moralment ja havia abandonat la competència.

Taekwondo

La següent experiència similar emprant aquesta metodologia, la vaig fer a Taekwondo. Estava a la universitat, i requeria fer un crèdit esportiu per obligació, miri el que hi havia, i el més proper a lluita olímpica, era taekwondo.

Sempre vaig voler practicar aquest esport, la mensualitat no permetia que m'iniciés, encara que si hagués demanat al pare segur que hagués pagat quan estava petit, la veritat mai no li vaig dir, vaig assumir que no pagaria. Només li agradava al meu pare que m'enfocava a la feina.

Ja a la universitat, ingrés a les classes, el primer dia l'entrenador em va entrevistar ia banda amb un altre company de Karate, ens va dir que si volíem anar a un campionat nacional obert d'arts marcials. En boxa pregunti quan i va riure el profe, en lluita no vaig preguntar ja més de tres anys vaig anar al primer, i en taekwondo a la primera classe ja m'estaven dient quan debutar.

Li vaig dir: "segur que creus que jo hi pugui anar, si no en sé gaire". L?entrenador em va dir, ja saps competir, és el més important. A quinze dies del meu debut, m'explico sis puntades de peu clau, les defenses, i com que només s'entrenava els dissabtes, i ja m'havia compromès vaig començar a entrenar a casa, a les nits.

Ja al saló de classes, els vaig explicar als meus companys, tots es van posar a riure, pensant que em donarien una pallissa tremenda. Això no em va agradar, llavors vaig tornar a repetir el mètode, el Què?, ja estava clar, el compromís, era amb els meus companys, no volia que es burlin de mi a classe, i la frase ja la tenia, no era sinó repetir això que ja ho havia fet.

Arribant a la competència, amb el mètode d'eliminació directa, guanyi els tres o quatre combats, i arribava amb el meu trofeu a mostrar-los als meus companys. Els tres que vam ser en representació de la universitat La Gran Colòmbia, vam tornar com a campions nacionals a les nostres respectives categories.

Oblidant ser campió

Abans d'aquest campionat, i després del mateix, a l'esport de Lluita Olímpica, no vaig tornar a ser campió nacional, arribava al podi, però no vaig aconseguir repetir la gesta de ser campió. (A la quarta part d'aquest llibre explico què va passar).

Després vaig tenir grans entrenadors nacionals, que es van ocupar de la tècnica, la tàctica, l'estratègia, el físic, però cap va tornar a treballar la ment, i com estava amb els que sabien oblideu aquest mapa, oblideu aquesta manera, no vaig tornar a posar-hi atenció , havia arribat un mètode "momentani" a la meva vida, i així com va arribar se'n va anar, i no vaig tornar a recordar aquest assumpte de debò sinó 26 anys després, escrivint aquest llibre.

Quarta part A Espatlles de Gegants

A la segona part del llibre, es comparteix un mètode per mitjà del qual dóna unes pinzellades en com perfeccionar la visió. I encara que no hi ha una universitat que tingui el títol exclusiu de "Milloreu la vostra visió fins a aconseguir un rècord" o alguna cosa per l'estil. I és segur com es va veure a la tercera part, hi ha moltes maneres o maneres de fer-la, i aquí es comparteix una altra manera per arribar als teus veritables propòsits.

En aquesta part correspon llavors a mirar aquests **GEGANTS** , dels quals puguem aprendre, aprendre dels que van a la punta i "copiar" el que van fer és savi, encara que culturalment semblés que estem predestinats a creure que copiar és dolent.

Es podria dir que copiar exactament no és possible, però si et pot donar una idea clara de com ho van fer, i de com ho podries fer, o com ho pots fer millor, a Espatlles de Gegants està basat en el fet que només aconseguim fer grans coses, quan entenem la feina dels que ens van precedir, és pujar l'escala del coneixement al camp per continuar avançant. No és començar des de zero, no és avançar, en això es basa el progrés de la civilització com la coneixem.

4 Principis

La primera vegada que vaig sentir sobre un empresari que posseïa més de cent empreses, cent indústries diferents, no sucursals, sinó cent empreses completament diferents, recordo que vaig començar a parar atenció. Vaig començar a estudiar ia reflexionar sobre com ho aconseguien. Com era possible que una persona amb un negoci pogués gestionar una càrrega de treball tan aclaparadora? En contrast, figures com Carlos Slim i Li Ka-shing eren amos de 150 i 300 companyies respectivament. Aquestes eren empreses gegants que s'estenien per tot el món, líders indiscutibles als seus camps i territoris. Tenien plans d'expansió i de creixement que semblaven incommensurables. En indagar a les biografies d'aquestes persones, vaig descobrir com van començar, com van sorgir i què van fer realment. Conèixer l'impacte enorme dels seus èxits resulta fascinant.

Aquests destacats empresaris posseïen l'habilitat de descobrir com triomfar als mercats en què van incursionar. Identificaven els principis fonamentals que els permetien destacar. Si una persona iniciava un petit negoci, sovint es veia aclaparada per la càrrega de feina. Tot i que havia estudiat dues carreres professionals relacionades amb el tema, cap de les dues no proporcionava la resposta exacta. Ningú podia explicar què estava passant. En aquest exercici, vaig descobrir que existia una mica més, una cosa que escapava als meus estudis previs. Si has estat buscant una explicació coherent i lògica sobre com aquests empresaris han aconseguit desenvolupar tantes companyies a diverses indústries, has trobat un llibre que et proporcionarà respostes i compartirà una meditació sobre com realment es pot aconseguir això.

És fonamental comprendre que tots tenim un recurs limitat: el nostre temps, que es redueix a 24 hores diàries, menys d'un milió d'hores a la vida. Alguns empresaris van començar des de zero, d'altres fins i tot des de menys zero, mentre que alguns van tenir certs avantatges inicials. No obstant això, el més important és el resultat obtingut, que en molts casos és incommensurable i colossal. No es pot menysprear el fet d'haver començat amb algun avantatge, ja que molts empresaris han forjat el seu nom de manera notable, commemorats, reconeguts i valorats. Han deixat una petjada que perdura i que les generacions futures han après a apreciar.

Durant aquesta investigació vaig aconseguir identificar quatre principis que cadascun d'aquests empresaris va començar a implementar al llarg del temps. Aquests principis estan directament interrelacionats:

1. Lideratge empresarial
2. Caçatalents delegar i formar equips
3. Principis de Smith i la riquesa
4. Vimas

Per explicar metodològicament si és correcte o incorrecte allò que s'exposa en aquesta part, he de ser molt sincer. Alguns podrien argumentar que el correcte és seguir l'exemple de Napoleó Hill, que va entrevistar nombrosos empresaris, en un període de vint anys. Tot i això, també és vàlid afirmar que es pot emprar la imaginació i la capacitat investigativa, escoltar àudios i vídeos durant hores. Personalment he dedicat extenses quantitats de temps a escoltar i entendre, a més de llegir llibres de diverses temàtiques, tant teòrics com de desenvolupament humà.

De manera semblant, com els grans pensadors han imaginat el funcionament de les constel·lacions i les estrelles, el procés de desenvolupar aquests quatre principis va ser un esforç que va abastar molts anys. Va ser un treball de reflexió, recerca i indagació constant, mantenint la pregunta persistent a la meva ment, per tal d'arribar a aquests quatre principis.

Lideratge Empresarial

El lideratge empresarial va més enllà d'entreveure simplement la direcció futura de l'economia. Implica estar constantment atent a la següent tendència, la innovació que marcarà la pauta o el proper nínxol de mercat per descobrir.

En aquest procés, és essencial entendre que la innovació no sempre es tradueix en crear alguna cosa completament nova, sinó també en reinventar i millorar allò existent. Prenguem, per exemple, el cas d'un restaurant: encara que el concepte en si no sigui innovador, la veritable genialitat rau en com s'implementa. Aquí és on el líder empresarial demostra la seva capacitat per estructurar, conceptualitzar i executar de manera única.

La visió de futur, combinada amb l'habilitat per identificar oportunitats i adaptar-se a les demandes canviants del mercat, constitueix l'essència del lideratge empresarial. Així, un líder no només anticipa la següent gran tendència, sinó que també influeix activament en la manera com es desenvolupa i s'hi adapta, marcant el rumb per al seu equip i la seva organització en el seu conjunt.

Liderar implica endinsar-se en camps completament inexplorats, un tipus de lideratge reservat per a aquells que comparteixen l'esperit dels exploradors, que s'aventuren en allò desconegut. Aquest és el lideratge dels conqueridors, aquells visionaris que no només creen noves indústries, sinó que les eleven al nivell següent.

Estem parlant del lideratge dels pioners, dels que inventen o innoven, marcant el camí per al club dels veritables innovadors. Són aquests líders els qui desafien les fronteres, inspiren altres a seguir els seus passos i, en última instància, transformen no només les seves pròpies organitzacions, sinó també tot el panorama empresarial.

Observar allò que altres no perceben, comprendre i anticipar-se als esdeveniments futurs és essencial. Entendre com els grans paradigmes estan en constant canvi redefineix allò que avui es considera una veritat empresarial, així com allò que funciona en el món dels negocis. La nova tecnologia i els avenços continus estan transformant completament el panorama, exigint una capacitat constant d'adaptació per mantenir-se al dia en aquest entorn empresarial en constant evolució.

La ciutat està experimentant un canvi significatiu en la manera com consumim, i de fet, el món sencer està experimentant una transformació en cada revolució tecnològica. Tot està en canvi constant, i comprendre, anticipar i adaptar-se a aquesta dinàmica és clau. Un líder no només s'anticipa, sinó que també es documenta i es capacita, permetent així que les coses succeeixin tant dins com fora de la seva organització. La seva capacitat per liderar proactivament enmig d'aquests canvis és essencial per a l'èxit i la rellevància en un entorn en evolució constant.

Caçatalents i delegar

El talent de les persones, neix o es fa? És una pregunta crucial, i la resposta és que neix i es fa, es pot desenvolupar, o potser ja existeix en algun nivell el seu talent. És essencial tenir en compte aquestes perspectives en avaluar els talents que t'envolten. Pots descobrir talent tant dins de la teva empresa com en persones que encara han d'arribar. De vegades, els talents estan en llocs inesperats, i l'habilitat excepcional rau a transformar una persona comuna en algú extraordinari.

A tot ésser humà li pot arribar el moment de fer una cosa extraordinària. Aquest instant és crucial, i cal observar amb atenció quan arriba, quin és el moment adequat, quin és el moment exacte en què la vida, les circumstàncies i les situacions condueixen a cada ésser humà a oferir el millor de si mateix oa preparar-se mentalment per fer-ho. Pot ser que estigui en el moment precís o que estigui proper, necessitant aquesta veu de saviesa i alè que li permeti fer aquest gran pas i desenvolupar el seu potencial d'una manera incommensurable.

Aquestes són les claus per iniciar una nova organització o empresa. Hi ha moments en què els éssers humans estem llestos i disposats. Quan pronunciem la frase 'ha arribat el moment', és essencial ser pacients i aprendre a identificar com ens podem assegurar que les persones que treballaran amb nosaltres, amb les quals formarem equip, estiguin sempre preparades per desenvolupar el seu màxim potencial. Això és possible sempre que compartim principis, i és fonamental per avançar cap a una organització que pugui assolir fins interessants.

Els grans empresaris s'han destacat per la seva capacitat per identificar i atraure els millors talents a diversos camps. El veritable talent té un valor incalculable, ja que amb ell es poden iniciar noves indústries, conquerir quotes de mercat, assolir avenços i progressos significatius. Trobar i retenir aquest talent és un dels principals objectius que han de perseguir els empresaris destacats. Assistir a esdeveniments i participar en diverses reunions són estratègies clau, ja que és en aquests contextos on es podria trobar el talent que la teva empresa, el teu negoci o la teva propera iniciativa empresarial està buscant.

Podria afirmar-se que tots tenen un potencial inherent; tanmateix, és crucial aprendre a seleccionar adequadament el talent. També cal cultivar l'habilitat d'apoderar persones comunes, brindant-los el grau d'autonomia necessari perquè puguin extreure el millor de si mateixos i desplegar l'inventari complet de la seva història personal. Això els permetrà assumir amb èxit les grans metes i desafiaments que els plantegem, sorprenent-nos amb els seus èxits.

En aquest sentit, en descobrir diversos tipus de talents, es podria argumentar que l"àrea més vital dins dels departaments d"una empresa és el departament de talent humà. Aquest departament té la responsabilitat crucial de seleccionar la persona més capacitada i excepcional, ja que serà l'encarregada de contractar i subcontractar tot el personal necessari, tenint en compte les necessitats, les expectatives i els requisits presents, així com les capacitacions futures. L'assimilació efectiva d'aquest talent contractat és fonamental, ja que es busca que tots estiguin completament alineats amb allò que realment es vol aconseguir.

Consolidar una estructura organitzacional fonamentada en una selecció àmplia, abundant i millorada del talent humà és essencial. Es busca que el personal senti constantment el desig, anhel i fervor per aprendre i capacitar-se, millorant contínuament les seves habilitats i destreses. D'aquesta manera, l'organització es fonamentarà en un lideratge que reconeix i valora àmpliament el talent. Això permetrà que l'empresa superi amb èxit els diversos reptes i obstacles que es presentin al seu camí.

Aprendre a incorporar talent de diverses edats és crucial, ja que tant l'experiència acumulada com els coneixements frescos en noves tecnologies són aportacions valuoses. La presència de talent jove és especialment important per portar les empreses al següent nivell. Aquest fenomen és evident, especialment a les empreses de tecnologia, on s'ha observat que són els joves els qui, amb el seu coneixement de les noves eines i tecnologies, han aconseguit avenços significatius i han impulsat canvis disruptius en diversos tipus de negocis que s'han establert , consolidat i formalitzat.

Quan es compta amb experiència i és veterà, resulta crucial invertir i reinvertir en projectes que mantinguin la mirada posada en les noves innovacions. La indústria està en constant replantejament, fins i tot quan ja es compta amb un producte acabat i àmpliament massificat al mercat. Sabem que la següent gran innovació està en camí. Tot això és susceptible d'innovació; res no pot romandre completament estàtic al llarg del temps. Fins i tot a la indústria alimentària, amb el temps, els productes es milloren i perfeccionen, juntament amb les diverses formes de presentació i models de negoci per aconseguir una millor venda.

Així, un dels pilars fonamentals per construir grans empreses rau a obtenir un lideratge sòlid, capaç de comprendre aquests conceptes i adquirir els millors talents disponibles. Una gran empresa es construeix sobre la base dels talents més destacats disponibles, o bé aquells que el teu lideratge contribueix a desenvolupar. L'objectiu és que cada individu que s'integri al teu equip senti, a cada cèl·lula del seu cos, l'impuls d'oferir el millor de si mateix, desplegant tota la seva capacitat per obtenir resultats excel·lents, ja que ha arribat el moment.

Després d'identificar i assegurar el talent, el pas següent és la delegació: crear un pla de treball i assignar responsabilitats. És fonamental traçar un pla clar que defineixi on es vol arribar, quines metes es persegueixen i quines són les accions executives per aconseguir-ho. En aquest punt, pots concentrar-te en el seguiment, especialment quan es tracta de manejar un equip gran, fins i tot diverses companyies. A mesura que l'equip de seguiment s'expandeix, és crucial delegar eficientment i considerar la injecció de capital, la cerca de societats i la possibilitat d'iniciar noves empreses a diferents indústries. La correcta implementació d'aquests conceptes de llarg a llarg del territori on et trobes és essencial per a un creixement sostingut.

Proporcionar les bases perquè aprenguin a formar equips és essencial, especialment garantint una comprensió profunda del procés. És supremament vital que cada nova emprenedoria compti amb absoluta claredat, especialment a l'àrea de talent humà. Aquesta àrea és responsable d'adquirir tots els talents necessaris per al funcionament eficient de la vostra organització.

Ara bé, un correcte lideratge estarà acompanyat del millor talent, i el millor talent aconseguirà liderar organitzacions a mantenir-se al podi mundial de la competència empresarial.

Principis de Smith i la riquesa

Parlar dels principis de la riquesa implica simplement referir-se als quatre principis que l'il·lustre Adam Smith va detallar al seu anomenat i àmpliament citat llibre "La Riquesa de les Nacions". En aquesta obra, que porta el nom complet d'"Investigació sobre la causa i la naturalesa de la riquesa de les Nacions", s'aborden en cinc tomes les mesures que una nació pot adoptar per enriquir-se i avançar en el desenvolupament. Així mateix, Smith explora les accions que tant una empresa com un país han d'evitar per no desviar-se d'aquest camí.

En aquest context, segons Adam Smith, hi ha quatre principis supremament importants per facilitar un procés d'avenç o generació de riquesa. El primer principi és la subdivisió del treball, seguit per l'especialització com el segon, la construcció d'eines com el tercer, i tot això s'ha d'emmarcar en la mida del mercat públic, que constitueix el quart principi segons Smith.

La subdivisió del treball, segons Adam Smith, el captiva completament quan observa l'activitat a la famosa fàbrica d'agulles. Allà, nota que un home no pot produir més de 20 agulles en un dia, però en tenir 10 homes, cadascun especialitzat en una tasca específica, aconsegueixen fabricar 4800 agulles al dia. Aquest augment de 460 agulles per dia per cada home va ser crucial perquè Smith entrevegi l'imminent sorgiment de la revolució industrial. Aquest concepte és molt important per a projectes futurs, ja que destaca la necessitat d'aprendre a subdividir el treball.

Una subdivisió correcta del treball en diverses activitats, cadascuna recolzada per un talent específic, permet que l'especialització floreixi. Quan una persona se submergeix en una activitat repetitiva que demana la seva capacitat única, pot desenvolupar un nivell de mestratge i especialització. Aquest enfocament continu i repetitiu a la feina condueix a millores constants. En una organització on cada individu treballa a la seva àrea especialitzada a causa de la subdivisió, la millora i l'excel·lència s'expandeixen a cada segment. Aquest procés, des de la subdivisió fins a l'especialització, és fonamental per assolir un rendiment excepcional a la feina.

Comptar amb un personal totalment especialitzat a cada àrea del negoci confereix un avantatge competitiu significatiu. Això col·loca l'empresa en una trajectòria de creixement continu, aconseguint fites, complint objectius i explorant nous mercats i innovacions. L'especialització permet que cada individu millori constantment en allò que l'apassiona, cosa que és crucial perquè l'organització es torni cada cop més competent i competitiva.

Segons Smith, després de l?especialització sorgeix la construcció d?eines. Ell descriu el filòsof com aquell que examina com optimitzar el procés productiu per aconseguir majors quantitats en menys temps, impulsant avenços significatius. Aquest enfocament implica el desenvolupament de ferramentes tecnològiques més eficients, evitant pèrdues de temps. La persona especialitzada en una part del procés és qui, amb el temps, pot generar les pròpies eines també, una observació que s'ha confirmat en diverses indústries i sectors.

Quan aquests tres principis s'apliquen en el context de la mida del mercat públic, tant per a una empresa com per a una nació, el resultat és un creixement exponencial considerable. La mida del mercat es revela com un factor crucial, ja que emprendre en un poble de vint mil habitants difereix significativament de fer-ho en un mercat de 7 o 8 milions de persones. Els mercadòlegs han après que la mida del mercat és fonamental en la creació de riquesa. Una empresa ben ubicada, amb un gran flux de clients, està destinada a créixer, expandir-se i progressar. D'altra banda, hem observat que emprenedors en àrees amb potencial sovint es veuen limitats per la mida del mercat i els impedeixen realitzar el seu màxim potencial.

Un empresari té la capacitat total d'aprendre a fer servir els quatre principis de Smith. Se li insta a comprendre la mida del mercat al qual es dirigeix ia contractar els millors talents perquè se sentin confiats i desenvolupin el màxim potencial. Tot i que la subdivisió del treball podria suggerir la necessitat de contractar més personal, és crucial mirar-ho des de la perspectiva de l'eficiència i la productivitat. Un enfocament excessiu a la subdivisió sense considerar l'eficiència pot portar a una nòmina gegantina, contraproduent per al creixement, ja que les despeses podrien absorbir la utilitat del negoci. És essencial entendre i aplicar la mida del mercat públic, com va explicar Adam Smith.

Vimas

Aprendre a guiar, a liderar un equip quan tothom desconeix la direcció futura, implica tenir fe, certesa i confiança en un mateix. Requereix un treball ardu i intens, però amb la convicció que es poden assolir grans objectius. En el model que presentem aquí, anomenat 'VIMAS', la seva clau rau a enfocar-se a obtenir resultats significatius. En implementar aquest model, no només s'aconsegueixen grans fites, sinó que també es capacita l'equip per desenvolupar plans de treball efectius. Això, alhora, permet monitoritzar i avaluar els avenços i èxits individuals, constituint un element essencial del lideratge.

Dissenyar un model simplificat, que connecti la visió amb lacció, és clau per mantenir lequip enfocat i garantir un seguiment efectiu. Com es va poder observar a les dues primeres parts d'aquest llibre.

Grans empresaris

Acompanyant la relatoria A Hombros de Gegants, comparteixo els que sense cap dubte han estat i són grans referents en el món empresarial, els qui van omplir agendes de treball complint metes i van aconseguir els somnis o la visió que es van plantejar, i serveixen d'exemple a generacions d'emprenedors futurs.

Henry Ford tenia la visió de democratitzar l?automòbil, fent que fos accessible per al públic en general. Per aconseguir això, va introduir la línia d'acoblament i va estandarditzar els processos de producció, destacant amb el Model T, un automòbil assequible que va transformar la indústria del transport.

Andrew Carnegie: La visió d'Andrew Carnegie se centrava a liderar la indústria de l'acer. Les seves metes incloïen el domini en la producció d'acer, que va aconseguir mitjançant la implementació d'eficiències a la producció i l'adquisició d'empreses competidores. Carnegie es va convertir en un magnat de l'acer i un destacat filantrop.

Bill Gates buscava posar un ordinador a cada llar. Per aconseguir aquesta visió, va cofundar Microsoft i va desenvolupar programari per a PC, destacant amb el sistema operatiu Windows. El seu enfocament a la informàtica personal i el desenvolupament tecnològic el va convertir en una figura clau en la revolució de la tecnologia.

Elon Musk té la visió de facilitar la colonització de Mart. Per aconseguir aquesta audaç meta, va fundar SpaceX, va desenvolupar coets reutilitzables i vehicles elèctrics avançats amb Tesla. El seu enfocament disruptiu i tecnològicament avançat ha transformat les indústries de lespai i els automòbils elèctrics.

Steve Jobs, cofundador d'Apple, va ser una força motriu a la revolució de la tecnologia de consum. La seva visió es va centrar a crear productes que canviaran la manera com les persones interactuen amb la tecnologia. Amb el llançament de productes icònics com l'iPod, iPhone i iPad, Jobs no només va transformar Apple en una de les empreses més valuoses del món, sinó que també va deixar una marca indeleble en la manera com vivim i treballem. El seu enfocament en el disseny elegant, la simplicitat i la integració de maquinari i programari va definir l'estètica i la funcionalitat de la tecnologia moderna. La capacitat de Jobs per anticipar les necessitats del mercat i la seva habilitat per portar productes innovadors al consumidor són fonamentals per entendre el seu impacte a la història empresarial i tecnològica.

Coco Chanel va revolucionar la moda femenina amb la visió de crear un estil elegant i funcional. El seu objectiu era establir la marca Chanel, aconseguida mitjançant la introducció de peces icòniques com el "Little Black Dress". Chanel es va destacar pel seu enfocament innovador en el disseny i l'elegància.

Warren Buffett, conegut pel seu enfocament a la inversió i el creixement sostingut, va construir Berkshire Hathaway. El factor clau d'èxit rau en una estratègia d'inversió a llarg termini i adquisicions intel·ligents, convertint-se en un dels homes més rics del món.

No podia faltar en aquesta part una breu al·lusió als fons d'inversió, més destacats, els que porten l'esperit emprenedor al màxim nivell, i dels que es parla poc, però sumen conglomerats importants als principals mercats.

Vanguard Total Stock Market Index Fund es distingeix pel seu enfocament diversificat, amb milers d'empreses a la cartera. El seu factor clau d'èxit és oferir als inversors una inversió de baix cost que segueix índexs i proporciona una àmplia diversificació al mercat de valors.

SoftBank Vision Fund, conegut per la seva diversificació en tecnologia i sectors emergents, ha tingut un impacte significatiu. El seu factor clau d'èxit és el finançament massiu a empreses tecnològiques d'alt creixement, donant suport a innovacions disruptives al mercat global.

Berkshire Hathaway, dirigit per Warren Buffett, ha aconseguit una cartera diversificada en diversos sectors al llarg dels anys. El factor clau d'èxit es troba en una estratègia d'inversió a llarg termini, combinada amb la saviesa de Buffett en la selecció d'inversions i la gestió d'empreses.

Sequoia Capital destaca pel seu enfocament en tecnologia i empreses innovadores. El factor clau d'èxit inclou una sòlida xarxa de contactes i un assessorament estratègic, que han contribuït a l'èxit de nombroses empreses emergents a la seva cartera.

Tiger Global Management destaca per les seves inversions globals, especialment en tecnologia i startups. El seu factor clau d'èxit rau en la cerca activa d'empreses d'alt creixement, recolzant emprenedories que demostren un potencial significatiu al mercat.

Index Ventures ha aconseguit una posició destacada amb inversions en tecnologia i startups. El factor clau d'èxit es troba en el seu enfocament en etapes primerenques i l'associació propera amb emprenedors, contribuint al desenvolupament d'èxit d'empreses innovadores.

Finalment aprendre dels grans al camp és vital, per pujar el següent esglaó, i entreveure on realment es vol arribar.

Cinquena part Errors

Evita cometre aquests errors

Cometre errors és inherent al procés de creixement i aprenentatge humà; són lliçons que ens polin amb el temps. La clau rau en aprendre dels errors propis i, encara més desafiant: aprendre dels errors dels altres, els encerts propis i els encerts dels altres.

Aprendre dels encerts sembla una tasca completament fàcil, lògica i coherent. Però normalment, quan les coses van bé, assumim que sabem per què, sense reflexionar veritablement sobre la raó darrere aquest èxit. En el context de les vendes, per exemple, és crucial preguntar-se si una venda va ser reeixida i, encara més, entendre quins elements van contribuir a aquest èxit. Quan ens qüestionem sobre el que vam fer bé en una venda, podem identificar aspectes clau que ens van portar al triomf. Aquesta autoavaluació constant és essencial per al creixement i la millora, ja que fins i tot en una venda reeixida sempre hi ha àrees importants que es poden perfeccionar.

Similarment, aprendre dels encerts daltres persones és una tasca complexa. Les persones sovint poden identificar que alguna cosa va sortir bé, però pot ser difícil analitzar conscientment per què va tenir èxit. En reflexionar sobre els encerts dels altres, ens trobem amb el desafiament que la persona mateixa pot no haver comprès completament les raons darrere del seu èxit. Aquest procés es complica encara més quan intentem entendre lèxit dempreses o individus a nivell de mercat. Concloure quin va ser l'encert que va portar a l'èxit pot ser complicat, ja que fins i tot els historiadors o biògrafs poden malinterpretar o equivocar-se en descriure allò que realment va passar.

En aquest sentit, entendre i comprendre els encerts implica aprofundir els detalls i analitzar conscientment cada element que va contribuir a l'èxit. Aquest nivell de comprensió pot ser desafiador, però és fonamental per aplicar lliçons significatives i assolir l'excel·lència en qualsevol àmbit.

Amb l'esperança que aquests errors siguin útils perquè el lector eviti caure-hi.

Desenfocament

La manca de claredat en la visió o el somni és un dels principals errors en desenvolupar la metodologia de Vimas. Sense una comprensió clara d'on vols arribar, pots cometre errors a l'enfocament i la direcció. Tot i que és possible assolir moltes coses sense una visió clara, el resultat final pot no ser el desitjat. L'absència d'un rumb definit dificulta la comprensió del resultat que veritablement desitges a la teva vida. Aquesta manca de claredat es converteix en un obstacle i, al llarg de les dècades, pots adonar-te que no has assolit el nivell que desitges.

És cert que pots assolir un nivell, però de vegades no t'adones veritablement de fins on podries haver arribat. Al principi, és difícil imaginar com pots arribar de lluny. Per exemple, quan vaig enfocar-me a ser campió nacional, era el més gran que podia concebre en aquell moment. No vaig considerar els Jocs Olímpics perquè ni tan sols sabia de la seva existència. Un esportista que es concentra en competicions nacionals podria perdre l?oportunitat d?apuntar a nivells més alts. Això s'aplica a diversos àmbits; enfocar-se a ser un campió olímpic o mundial implica una mentalitat i nivell d'intensitat diferents, i la feina necessària per assolir aquests objectius és considerable, i tots tenim les mateixes 24 hores.

El nedador olímpic Michael Phelps, per exemple, es va enfocar a anar més enllà i batre tots els rècords olímpics a la seva disciplina esportiva. Va aconseguir aquest objectiu de manera tan destacada que va establir un estàndard molt alt per als esportistes que el segueixen, possiblement durant les properes dècades o fins i tot segles. La seva dedicació i els seus èxits no només van marcar la història olímpica, sinó que també il·lustren com un enfocament ambiciós pot influir en el futur d'una disciplina esportiva.

Mirant enrere, m'adono que aquesta manca de claredat en la meva visió i metes va impedir que arribés al meu màxim potencial. Vaig poder haver donat més i haver aconseguit molt més si hagués tingut una visió clara i cregut en les meves habilitats des del principi. Aquesta reflexió em va ensenyar que, encara que no podem canviar el passat, en podem aprendre i utilitzar aquesta saviesa per avançar cap al futur. És crucial tenir una visió clara d'on volem arribar i creure en les nostres capacitats per desafiar els nostres límits i aconseguir grans coses a la vida.

És fonamental tenir en compte que tot el que et proposes es pot convertir en realitat si treballes de manera constant i enfocada en això. No obstant això, és essencial assegurar-se que les metes plantejades estiguin alineades amb el resultat que realment desitges assolir. És a dir, les teves metes han de ser un reflex precís dels teus somnis i aspiracions més profundes.

De vegades, les persones arriben a resultats extraordinaris que superen el que originalment es van proposar. Això demostra que amb esforç i determinació, et pots sorprendre a tu mateix i aconseguir més del que esperaves. D'altra banda, també és possible que arribis a un resultat sensacional que no havies previst. Aquest escenari ressalta la importància de mantenir una ment oberta i estar disposat a adaptar-te a les oportunitats i desafiaments que puguin sorgir en el camí cap als teus objectius.

Establir metes, assegura't que estiguin alineades amb el resultat que realment desitges assolir a la vida. Mantingues la flexibilitat per adaptar-te a les circumstàncies i estar obert a les sorpreses que puguin sorgir en el teu camí cap a l'èxit. Amb determinació, enfocament i una visió clara, pots treballar cap a les teves metes amb confiança, sabent que estàs fent passos concrets cap al resultat que veritablement anheles.

Les metes prenen claredat quan la visió de cap a on es vol arribar és nítida. Pots establir metes per ser campió nacional, però també per ser campió sud-americà, panamericà o en diferents nivells d'un cicle olímpic. Desenvolupar metes que s'alineïn amb la visió et permet cercar resultats específics. Ja sigui enfocant-se a superar rècords olímpics al teu esport o destacar sobre el rècord a la teva indústria, és crucial conèixer el punt a vèncer. És així com el teu nom pot perdurar en la història universal de les grans innovacions empresarials.

Quan les metes estan arrelades en una visió absolutament clara, les activitats executades i les idees que generes per dur-les a terme són completament diferents. Per exemple, les estratègies per vendre $10,000 USD diaris són diferents d'aquelles dissenyades per assolir la meta de vendre $100,000 USD diaris. La visió defineix no només l'objectiu final, sinó també la naturalesa i l'abast de les accions que emprens per aconseguir-ho.

El que realment diferencia una agenda de treball d'una altra, o una pluja d'idees d'una altra, és la visió i la claredat sobre on realment es vol arribar. Quan això és clar, la clau rau en mantenir un seguiment adequat, ja que t'indica què tan a prop o lluny estàs del veritable punt al qual vols arribar. En aquest procés, t'adonaràs que, a mesura que en fas el seguiment, t'acostes cada cop més. Gaudeix del procés, viu cada dia i experimenta totes les emocions que això pugui generar.

Comet errors

És preferible intentar i cometre errors que mai intentar res. Evitar cometre errors es pot convertir en un fre destructiu per a les idees més fonamentals. La por associada amb la possibilitat de cometre errors pot ser paralitzant. Encara que hi ha coses imprevisibles, si els teus somnis són clars i la visió està ben definida, i estàs decidit a assolir cada fita, qualsevol problema o obstacle, fins i tot els errors, es resoldran amb el temps. L'acció i la disposició per aprendre dels errors són els components essencials del camí cap a l'èxit.

És fonamental recordar que treballem amb éssers humans, i els errors són inherents a la nostra naturalesa. Tant el teu equip com tu mateix tindran errades. Estar preparat per fer-ho implica donar-vos l'oportunitat d'aprendre dels vostres errors. Implementar un lideratge basat en laprenentatge a través de lerror és clau. Permet no només la correcció d'equívocs, sinó també el creixement i el desenvolupament continu. Avançar amb aquest enfocament contribueix a un ambient on la millora constant és valorada i es converteix en una part integral del procés.

El temor a cometre errors ha estat la barrera que ha impedit que molts homes conquereixin la dona de les seves vides. Moltes idees innovadores jeuen sepultades al cementiri de l'oblit a causa de la por de cometre errors. Empreses que podrien haver existit al mercat simplement no es van enlairar perquè algú en algun moment va tenir por de fer el pas necessari. Aquest temor pot ser un obstacle significatiu, però també destaca la importància d'abordar els errors com a oportunitats d'aprenentatge i creixement, en comptes de fracassos definitius.

No esperis a saber-ho tot

El desig de perfecció és comprensible i tots aspirem a fer les coses bé des del principi. Tanmateix, és important reconèixer que no tot es pot aprendre o dominar immediatament. Imagina't una relació, un matrimoni o el procés del part. No es pot preveure-ho tot des del principi. Per exemple, dir-li a la teva parella que tindran bessons i passaran pel procés de l'embaràs i el part implica desafiaments i canvis sorprenents. La criança també té complexes. Si només ens enfoquem en els problemes i les dificultats, seria difícil fer el pas cap a la construcció d'una família. Però ens llancem amb fe i esperança en un futur millor, sense conèixer tots els desafiaments per endavant.

Així mateix, quan comencem a estudiar, és impossible imaginar tot allò que ens espera des del primer dia fins al darrer, fins al dia de la graduació. Alguns no aconsegueixen acabar a causa de la pressió, l'estrès, els treballs, el desafiament de superar les pròpies fronteres del coneixement, les nits de nit, les nits sense entendre una matèria, i la constant preocupació de perdre un semestre. Són processos difícils, però són part del camí que cal recórrer per avançar. Per això, no esperis saber-ho tot des del principi. L'aprenentatge i la superació d'obstacles són essencials per continuar endavant. Dóna't el temps necessari, tot és un procés.

En el transcurs, aniràs aprenent allò que necessites i adquirint valuoses lliçons de grans mestres. Aquest camí us brinda l'oportunitat de corregir i perfeccionar. El que és fonamental és mantenir sempre una actitud d'aprenentatge, reconèixer que aprendre és divertit i estar en constant procés d'adquisició de coneixement. Això no només millorarà el teu estat d'ànim, sinó que també et recordarà que estem enfocats a la visió que tenim i en allò que volem aconseguir. Mantenir aquest propòsit et permetrà consolidar, amb el temps, allò que realment desitges assolir.

Enfoca't en el que vols

La història del mapa de la tercera part del llibre introdueix un altre mapa centrat en el compromís. En aquest context, es destaca la importància de repetir constantment un "crit de guerra", un mantra que representa les teves metes i aspiracions. En aquest exemple, el crit de guerra va ser "Guanyaré". La idea és aplicar aquest principi a la teva empresa, negoci, vida o qualsevol somni que estiguis perseguint. En adoptar un crit de guerra i repetir-ho constantment, et sintonitzes amb allò que necessites fer, brindant-te una motivació constant per avançar cap als teus objectius.

En lloc de centrar-te en allò que desitges, es comet el greu error denfocar-se en els problemes que sorgeixen. Aquest enfocament és perjudicial, ja que en concentrar-nos en els problemes, errors i mancances, enfrontem dificultats. Un exemple d'això és quan l'empresa estava generant menys de $500 USD en vendes diàries, cosa que suposava desafiaments per pagar serveis i lloguer. Tot i això, la ment i l'energia es mantenien enfocades a la meta desitjada, i màgicament, les idees i l'energia positiva començaven a fluir per aconseguir el resultat esperat. Aquest relat destaca la importància de mantenir la ment enfocada a l'objectiu malgrat els obstacles.

Absolutament cert. L'enfocament dels problemes debilita i consumeix la nostra energia. Pot fer que, malgrat les nostres accions positives, retrocedim en comptes d'avançar. L'actitud positiva exerceix un paper crucial en aquest procés. El treball diari i constant, especialment en l'atenció als nostres clients, es reflectirà i serà apreciat. Mantenir una mentalitat positiva i centrar-se en solucions en lloc de problemes ens permet superar obstacles i avançar amb èxit cap als nostres objectius.

Un bell missatge per tancar. Sempre enfoca't en allò que realment vols al matí, comença el dia amb la millor actitud. En acabar la nit, pren-te un moment per reconèixer i felicitar-te per tot el bo que vas aconseguir aquell dia. Si no va ser tan bo, no et desanimis; cada nou dia és una oportunitat per reprendre el rumb cap als teus objectius. No defalleixis, segueix endavant, segueix els passos apresos en aquest llibre i et desitjo molt èxit en totes les emprenedories. Que la magnífica glòria de Déu nostre Senyor Jesucrist t'acompanyi per sempre. Amén.

Conclusió

Així com vaig començar amb la primera oració, així va concloure. He de destacar el viatge fascinant des de l'inici fins a la culminació d'aquest projecte, un procés que ha anat millorant constantment fins a la finalització.

A la primera part, s'hi narra una correlació entre una experiència empresarial i l'ascens a la muntanya a la recerca d'una cascada. Aquesta experiència va ser la inspiració per escriure aquest llibre i titular-lo de manera significativa. La conclusió clau és que qualsevol fita que un es proposi a la vida pot ser aconseguida si hi ha una determinació veritable per aconseguir-ho.

La segona part descriu com qualsevol persona, sense importar la seva cultura o idiosincràsia, pot desenvolupar i portar qualsevol tipus de negoci al nivell següent mitjançant l'aplicació del mètode VIMAS, presentat en aquesta secció.

La tercera part ensenya un altre mètode per trobar o dissenyar el mapa, posant èmfasi en la importància de comprometre's amb ell mateix i buscar compromisos amb una autoritat que generi veritable pena o vergonya si aquest no s'assoleix. Es destaca la importància de comunicar els teus objectius per mantenir un recordatori constant de per què estàs perseguint aquests resultats.

La quarta part introdueix principis que han sorgit al llarg dels anys en resposta a la comprensió de com els empresaris més reeixits del planeta poden dirigir i crear diverses empreses en diferents sectors, mentre que un emprenedor amb un sol projecte pot col·lapsar de feina i estrès.

La part final està dedicada a les possibles errades que poden sorgir. Es presenten com una xarxa de protecció perquè el lector eviti caure-hi i es beneficiï anticipant-se als desafiaments que puguin sorgir en perseguir grans metes a la vida.

En el resum del llibre es comprenen les metes aparentment inabastables, l'enfocament en somnis grans i com, a través de casos específics, es conclou que quan un es proposa i determina assolir grans èxits a la vida, finalment els aconsegueix. Les persones no aconsegueixen grans èxits simplement perquè no se centren a aconseguir-los. Quan algú es determina a buscar, escodrinyar i excavar fins arribar al fons, pot aconseguir allò que es proposa.

Vivim en una societat on els somnis s'esvaeixen a mesura que els nens, sent grans somiadors, veuen disminuir l'abundància de les seves aspiracions. A mesura que creixen, l'educació i les percepcions canvien, influïdes per les experiències diàries i els resultats dels propers a nosaltres: amics, germans, familiars. Aquests resultats exerceixen una influència significativa en els nostres propis èxits.

Si ens envoltem d'amics reeixits, si som agraïts i beneïm els qui prosperen, és probable que també aconseguim resultats similars. Tot i això, sovint, quan algú triomfa, la societat tendeix a excloure'l en lloc de buscar aprendre del seu èxit.

És crucial aprendre a forjar i visualitzar una visió expansiva, cultivant somnis i metes que semblen gairebé impossibles. Inspirar grans metes comporta l'execució acurada d'activitats, seguida d'un seguiment adequat. Aquesta metodologia de quatre punts és senzilla però es complementa amb aspectes clau com l'hàbit, la persistència i els valors que enforteixen el caràcter humà, com ara insistir, resistir i no desistir mai.

Aquest enfocament és fonamental per ensenyar a les generacions futures. Més enllà de l'ensenyament sobre la fe, és essencial inculcar-los la idea de perseguir grans somnis. Per aconseguir-ho, és crucial que els teus fills et vegin lluitant, enfrontant desafiaments i persistint en la consecució dels teus objectius. Aquest procés d'ensenyament no només implica mostrar els triomfs, sinó també compartir els fracassos i demostrar que, passi el que passi, la perseverança i el treball constant són essencials per aconseguir allò que es proposa.

La vida és meravellosa, omple d'oportunitats i abundància per a tothom. Tots podem desenvolupar el nostre màxim potencial, fins i tot els més petits, els que poden generar canvis significatius a les seves vides. Petites accions poden conduir a grans transformacions.

Felicito el lector que ha arribat fins aquí, ja que demostra ser algú compromès, possiblement un d'aquells que m'enviarà un correu electrònic dient: "Vaig fer el meu primer pla, porto 4 anys, he aconseguit tal èxit". No tinc dubtes de les capacitats; de fet, la certesa que aquest llibre serà útil a aquells que el reben m'omple d'entusiasme. Estic ansiós per escoltar com aplica aquest coneixement a la vida i com el transmets als fills, ja que ensenyar aquestes lliçons és crucial per passar-les de generació en generació.

Les grans gestes de la vida són el resultat de persones que van decidir deixar un llegat i fer coses extraordinàries. En plantejar-se metes, tenien la certesa que ho aconseguirien, fins i tot quan els que els envoltaven dubtaven. Determinació, propòsit i disposició són clau per assolir grans resultats; només aquells que realment els ho proposen poden aconseguir-ho.

És essencial notar que el que mai s'ha proposat una cosa gran a la vida mai no aconseguirà res. És injust esperar resultats sorprenents sense preparació ni interès. Aquest principi es reflecteix en les herències: les mal preparades per rebre-les poden tenir una percepció distorsionada de la creació de riquesa. Amb el temps, la saviesa popular adverteix sobre la possibilitat que, després de generacions, la riquesa mal gestionada acabi en dificultats.

Afrontar obstacles i desafiaments és una constant a cada generació. Només aquells capaços de superar-los han marcat els grans avenços de la humanitat. L'herència és important, però igualment crucial és com s'utilitza i s'inverteix. Cada generació enfronta la tasca de programar i fer realitat els seus somnis, aprenent dels desafiaments previs i projectant un camí cap a l'èxit, transmetent aquests sabers a la generació següent.